결정적인
순간에

결정을 미루는
당신에게

결정적인 순간에

결정을 미루는 당신에게

류쉬안 지음 | 마르코 천 그림 | 임보미 옮김

다연
DAYEONBOOK

미래로의 초청장

> 인생에서 가장 중요한 이틀이 있다. 하루는 당신이 태어난 날이고, 또 다른 하루는 당신이 태어난 이유를 찾은 날이다.
> _마크 트웨인

2000년 6월, 하버드에서 5년마다 열리는 동문회가 있을 무렵 나는 대학원에 재학 중이었다. 학부를 마치고 바로 박사 과정에 들어갔는데, 10년 가까이 미국 케임브리지의 작은 지방에 살다 보니 자연히 나는 그 지역 사람이 다 돼 있었다.

모교에서 동문회가 열리는 만큼 분명 신날 법도 했지만, 난 그렇지 않았다. 모두가 더없이 즐겁게 지내는 동안 나는 방 안에서 꼼짝도 하지 않았다. 왜냐고? 나 자신이 완전 초라하게 느껴졌으니까.

하버드의 상징색 선홍빛 겉표지로 된 〈동창 근황 보고서(Reunion Class Report)〉에는 지난 5년간 교우들이 이뤄낸 갖가지 성과가 담겨 있다. 이는 교우 자신들이 직접 투서한 것인데, 책으로 만들어진 만큼 동창들에게 널리 공유된다. 되돌려보건대, 첫 페이지에 이런 내용이 적혀 있었다.

지난 몇 년간 나는 상하이에 머물며 새로운 비즈니스 기회를 찾는 데 많은 시간을 할애했다. 5년 전 아시아 투자를 전문으로 하는 펀드 회사를 차렸고 본사는 상하이에 뒀다. 상하이에 최초로 설립한 해외투자 회사들 중 하나다. 지금은 두 개의 헤지펀드를 갖고 있고 향후 투자를 더 확대할 계획이다.

샌프란시스코에 있는 dot-com의 CEO를 맡고 나서 뉴욕으로 돌아와 싱크탱크를 설립했다. 실제로 이는 아주 좋은 기회였다. 나는 현재 전 세계의 사상가, CEO와 함께 컨설팅 업무를 하고 있으며 평생의 반려자도 만났다. 샐리는 천부적인 재능을 타고난 모델이자 배우이다. 현재 한 작품의 주연을 맡고 있다. 우리는 뉴욕에 우리의 첫 번째 보금자리를 만들어가고 있다. 친구라면 언제든 환영이다! 순식간에 5년이 흘러버렸다. 시간은 정말 빨리도 간다. 그렇지 않은가?

나는 이렇게 말하고 싶다. 자신감을 떨어뜨리고 싶거든 하버드 〈동창 근황 보고서〉를 읽어보라고! 분명 최상의 선택이 될 것이다.

보편적인 시각에서 '하버드교육대학원의 심리학 박사 과정'이라는 타이틀은 굉장해 보일 것이다. 하지만 당시 내가 느끼는 나는 그저 유급생일 뿐이었다. 동창들은 전 세계로 뻗어 나아가는데, 나는 여전히 답보 상태였다. 동창들이 이사회를 쥐락펴락하는 동안 나는 강의실에서 여전히 하품이나 하고 있었으니까.

체면을 위한 준비는 진즉 마쳤다. 혹여 가까운 동기를 만날라치면 이렇게 말할 작정이었다.

"매일 아침, 일어나면 커피를 한 잔 사 들고 캠퍼스를 산책해. 날씨가 좋으면 노천카페에 앉아 따사로운 햇살을 맞으며 할 일을 생각하지. 날씨가 좋지 않으면 도서관에서 논문을 써. 종종 교수님 방에 가서 논문이나 미래에 관한 얘기를 나누고 매주 서너 개의 심리학 강의도 하지. 누가 생각이나 했겠어. 이렇게 빨리 하버드생들에게 지도교수로 불리게 될 줄 말이야!"

사실, 이런 허풍은 입 밖으로 전혀 내지 못했다. 동기들의 얼굴은 아예 보지 못했으니까. 동기들의 화려한 생활을 듣다가 자괴감에 빠질까 봐 아예 두문불출하며 창문 밖으로 지나가는 동기들의 모습만 훔쳐보았다. 얼마나 바보 같은가! 하지만 어쩔 수 없었다.

어떤 사람들은 자신이 주변 사람들보다 못하다고, 그저 겉으로만 우수해 보일 뿐이라고 생각한다.

'지금까지 거둔 성공은 모두 운이 좋아서 얻어진 거야. 그런 만큼 곧 들통이 나서 체면이 말이 아니게 될 거야.'

심리학계에서는 이런 심리 상태에 '가면증후군(Imposter Syndrome)'이라는 아주 절묘한 이름을 붙였다.

연구에 따르면, 70%에 달하는 사람들이 이러한 전전긍긍의 심리 상태를 경험한다.[1] 이런 현상은 특히 '고성과 인사'들에게서 더 보편적으로 나타난다. 당신의 인생이 갑자기 높은 곳으로 향할 기회가 있다면 얼마큼이 자신의 실력이고 얼마큼이 운인지 알 것이다. 따라서 높이 올라갈수록 마음은 더 공허해진다.

가면증후군을 정신병이라고 볼 순 없지만, 이 때문에 어리석은 행동을 하기도 한다. 예컨대 결점이 드러나는 걸 피하고자 아주 좋은 기회를 거절한다거나 여린 마음을 감추고자 더 기가 센 듯 행동하는 것이다. 이런 행동은 인간관계를 해치고, 워커홀릭이 되어 날마다 야근해야만 자신의 자리에 '걸맞은' 사람이 될 수 있다는 오판을 하게 만든다.

자리에 걸맞으면 자신에게도 걸맞은 걸까?

심리학에서는 목적의식은 '자아실현(Self-actualization)'에서 비롯된다고 본다. 자신의 잠재력을 파악하고 효과적으로 활용하여 긍정적인 변화를 창출해 자신과 주변을 돕는 게 핵심인 것이다. 성공은 그로써 자연스레 따라오는 결과물일 뿐이다.

문제는 절대다수의 사람이 자아실현을 제대로 하지 못한다는 점이다. 많은 이가 엄청난 노력을 기울이면서 고생을 감내하지만, 여전히 다른 사람이 부여한 대로 임무를 처리하고 진행하며 타인이 정한 목표에 얽매인다. 심지어 자신이 아닌, 다른 사람의 보상을 통해 기쁨을 얻으려고 한다. 그 때문에 생활은 무언가로 가득 차 있을지라도 정리할 공간은 없다. 머릿속에 가득 찬 꿈, 걱정, 욕망, 갖가지 미완성된 계획을 놓고 고뇌하다가 급기야 세상을 비관하는 지경에 이른다.

정말 안타까운 일 아닌가! 나는 그런 나 자신을 받아들일 수가 없었다. 당신은 어떤가?

대학원 졸업 후 사회생활을 시작했고 미국 동부에서 대만으로 돌아왔다. 10년간 바쁘게 보낸 나날은 내게 안정감을 주었고, 가정은 꽤 무거운 존재로 다가왔다. 이때 지난날에 배운 이론을 떠올려 그중 분명한 몇 가지를 생활에 접목했더니 '성장 방법론'으로 정리되었다.

마침 심리학계에서도 거대한 변화가 나타나기 시작했다. 과거에는 병리 연구에 집중했다면, 지금은 인생 개선에 초점을 맞춘다. 새로운 흐름인 '긍정심리학'은 내 이론의 토대가 되었고 내 생활에도 상당한 도움을 주었다.

지금의 나는 과거의 내가 아니다. 의지도 생겼고 사명감도 생겼다. 그리고 내가 무엇을 원하는지도 잘 알고 있다. 눈앞에 수많은 난관이 버티고 있지만 절대 물러서지 않는다. 일상에서 갖가지 새로운 경험을 해보고, 새로운 지식을 배우고 싶다.

2000년의 나는 지금의 나와 같은 사람이 아니었다. 어째서 그 좋은 환경에서 그토록 소극적인 태도를 보였는지 이유를 알아내기조차 쉽지 않다. 어떤 부분의 '내'가 변한 걸까?

바로 마음가짐이다. **마음가짐은 세상을 보는 렌즈이다. 마음가짐은 우리의 감각에 영향을 미치고, 감각은 판단에 영향을 미치며, 판단은 행동에 영향을 미치고, 또다시 결과에 영향을 미친다. 그리고 그 결과는 우리의 미래를 결정짓는다.**

미래를 내다보려면 우선 마음가짐부터 새롭게 해야 한다. 마음을 다잡은 후에 움직여야 한다.

이 책은 총 30장으로 구성되어 있다. 현대 심리학의 연구 결과를 기반으로 구성된 자아 훈련 시스템이다. 01장부터 시작되는 '나 자신'을 알아가기 위한 간단한 연습을 함께한다면 마음가짐을 변화시키는 비결을 터득할 것이다. 이 과정에서 나는 내 과거를 털어놓고 내 마음의 여정도 함께 나눌 것이다. 물론, 이 책의 주인공은 당신이다. 나는 이 책에 담긴 방법들이 당신의 생각을 정리하는 데 도움 되기를 바란다. 나아가 당신 자신을 기꺼이 받아들여 용감한 사람으로 거듭나기를 바란다.

이제 같이 출발해보자! 미래의 어딘가에서 누군가가 당신을 필요로 하고 있을 것이다.

Step 4　몸의 에너지를 제어하라

Step 5　바른길을 간다는 건 그리 간단치 않다

Step 6　당신의 초능력을 믿어라

마음가짐이라는
렌즈를 닦자

인생은 왜 늘 제자리걸음일까?
늘 같은 어려움에 봉착한다는 사실을 알았는가?
어디에 가든 진흙탕에 빠지고 만다.
세상을 보는 방식을 바꾸면 결과는 달라진다는 걸 믿는가?
우선 '마음가짐'이라는 렌즈부터 닦아보자.
자, 세상이 좀 달라 보이는가?

순항을 위한 의식

미래를 얘기하자면 우선 자신의 속마음부터 들여다볼 필요가 있다. 아무리 노력해도 헛헛한 마음이 든다면 누군가가 정해놓은 일에 완전히 얽매여 있기 때문일지 모른다. 지금의 모든 결과가 실은 전부 운으로 결정된 건 아닌지, 모조품처럼 느껴지는 자신이 먼지 같은 존재는 아닌지 의심도 든다. 고민할 겨를도 없이 성큼성큼 다가오는 미래 앞에선 막막하기만 하다.

1891년 영국의 빅토리아 여왕은 전함의 진수식에서 샴페인 병을 깨뜨리는 의식으로 새 전력의 탄생을 축하했다. 이런 장소에서도 술이 활용된 것이다. 예로부터 선박을 진수할 때면 의식을 통해 축하하고 무사 안녕을 기원해왔다. 고대 바빌론 사람들은 소를 제물로 바쳤고, 북유럽의 해적들은 노예를 제물로 바쳐 해신의 노여움을 가라앉히고자 했다. 15세기 때부터 이런 의식에 와인이 활용되기 시작했다. 국왕의

사자는 와인을 한 모금 마신 후 일부를 갑판에 뿌리고, 마지막으로 잔을 배 밖으로 던졌다.**2**

이것이 수세기에 걸쳐 전해져 '처녀 출항식'에서는 뱃머리에서 샴페인 병을 깨뜨리는 의식을 치른다. 왜 하필 샴페인일까? 샴페인은 고급스러운 이미지를 가진 반면, 레드와인은 핏자국처럼 보일 소지가 있었다. 그러니 시각적으로도 귀족적 분위기의 샴페인이 더 알맞았다. 그러나 가장 중요한 건 던진 샴페인 병이 반드시 깨져야 한다는 점이다. 샴페인 병이 깨지지 않을 경우, 사람들은 이를 불길한 징조로 여겼기 때문이다.

2007년 퀸 빅토리아호 취항식에서 영국 찰스 왕자의 부인인 콘월 공작부인 커밀라가 던진 샴페인 병이 깨지지 않았다. 그런데 몇 주 후 이 배에 탑승한 승객 80여 명이 식중독에 걸리는 사건이 발생했다. 그러자 사람들은 공작부인이 던진 샴페인 병이 깨지지 않아서 이런 사달이 난 것이라며 '커밀라의 저주'라는 말까지 등장시켰다.

사실 샴페인 병은 그리 쉽게 깨지지 않는다! 그래서 지혜로운 선장들은 순조로운 취항식을 위해 미리 샴페인 병 표면에 금이 가도록 해둔다. 샴페인 병이 작은 충격에도 쉽게 깨질 수 있도록 말이다.

자, 이제 이 책의 항해를 시작할 때가 왔다. 모두 샴페인을 준비하길 바란다!

웃자고 한 소리다. 우린 샴페인을 마실 계획이 없다. 하지만 이 책의 첫 번째 장으로서, 긴 여정을 위한 출발점에 선 만큼 우리만의 '취항 의식'을 치를 필요는 있다.

이 책의 집필을 결심할 당시, 나는 이 책의 여정을 독자들이 한 걸음

한 걸음 천천히 체감하며 나아가는 모습을 상상했다. 사실 내가 생각하는 가장 훌륭한 '여행 방법'은 매일 15분씩 조용한 곳을 찾아 심호흡과 함께 가슴을 쫙 편 뒤 몸과 마음을 안정시키는 것이다. 그리고 한 장을 읽고 그와 관련된 행동을 실천해보는 것이다. 물론 한 번에 다 읽어도 무방하다. 그건 당신의 자유다. 단지 나는 당신이 책을 충분히 활용해서 날마다 자신과 대화하는 작은 의식을 만들어갔으면 하는 바람이다.

의식이 얼마나 중요한지 모를 당신을 위해 심리학 연구에서 가장 자주 등장하지만 쉽게 설명해낼 수 없는 현상을 소개한다. 바로 '플라세보 효과(Placebo Effect)'다. 플라세보 효과란 특정한 약물이나 치료법 자체에는 아무런 효과가 없음에도 환자 스스로가 효과가 있다고 느끼거나 믿음으로써 증상이 호전되는 현상을 일컫는다.

현대 의학의 모든 임상시험은 반드시 플라세보 효과 비교 테스트를 통과해야 한다. 항우울증 약물의 약효는 기본적으로 '당의(糖衣)'의 효능이지, 약물 자체의 작용이 아니라고 보기 때문이다. 테스트 결과에 따르면 모든 약물에서 플라세보 효과가 나타나며, 특히 항우울증 약물은 플라세보 효과가 큰 경우 실제 약물만큼의 효과를 가져오는 것으로 나타났다![3]

여기서 우리는 아주 중요한 결론을 얻을 수 있다. '믿음이 최고의 약이다'라는 것이다. 문제는 사람들이 자신이 방금 복용한 약물이 단지 '명약처럼 보일 뿐' 사실은 가짜라고 생각한다는 점이다. 플라세보 효과, 과연 존재하는 것일까?

물론이다! 세계에서 가장 영험한 약이 무엇인지 아는가? 바로 '의도적인 약'이다.

이름은 비록 '약'이지만 약 성분은 전혀 없다. 포장에는 이렇게 적혀 있다.

'포장 안의 제품은 100% 전분으로 이뤄졌으며, 어떤 약효도 없습니다!'

하지만 수많은 복용자의 증언에 따르면 이 약은 다이어트, 불면증, 금연 및 금주 등의 문제를 해결하는 데 도움 되었다고 한다. 심지어 어떤 이들은 "최고의 명약이다!"라고까지 극찬했다. 그리고 요즘 이와 같은 의식으로 먹는 환약의 '브랜드'가 많아졌다. 물론 아무도 제조하지 않는다.(브랜드 스토리가 가장 완벽한 것이라면 'Xpill'일 것이다)**4**.

정말 신기하지 않은가. 복용한 약품이 단지 '당의정(糖衣錠) 형태의 안정제'라는 사실을 분명히 알고 있는데 왜 효과가 있는 걸까?

그 비결은 바로 '복용 방법'에 있다. 설명서에는 이렇게 적혀 있다.

'우선 마음을 가다듬고 자신에게, 이 약은 내게 어떤 효과를 가져다줄 것이다, 라고 말합니다. 약 속에 이러한 믿음을 주입한 후 약을 삼킵니다. 그럼 그 믿음이 힘을 발휘할 것입니다!'

우연히 이 '영험한 약'을 발견한 사람들은 "약을 삼키는 행위는 잠재의식 속에 이미 이 믿음을 '내재화(Internalization)'하기로 했음을 인식시킴으로써 믿음이 실현되도록 만드는 것이다"라고 말한다.

분명 쉽게 믿기는 어려운 말이다. 약 개발자들은 '이 약은 결코 실제로 먹어야 하는 약을 대체할 수 없다'는 점도 덧붙인다. 이 약이 많은 이에게 효과를 안겨준 것은 사실이지만 다수의 의견에 따르면 '의식'이 '의도'와 '믿음'과 어우러졌을 때 비로소 강력한 심리 효과가 발생했다.

우리는 특정한 의식을 통해 몸과 마음을 다스려 새로운 변화를 받아들일 준비를 할 수 있다. 진지한 마음으로 성심성의껏 의도된 행위를 실천에 옮기고, 자신에게 '이는 매우 중요하다'라고 인지시킨다면 어떤 행위든 나만의 의식이 될 수 있다.

그렇다면 이제 첫 번째 장의 내용을 실천에 옮겨 나 자신을 위한 '취항 의식'을 치러보자.

Action Practice 01
체크인 준비

인생이 여행이라면 당신이 생각하는 이상적인 목적지는 어디인가? 이번 장에서 그곳으로 떠나는 첫발을 내딛어보자.

01장부터 차근차근 순서대로 나아가며, 매 장 말미의 'Action Practice'를 통해 당신의 작은 성과들을 만들어가자. 읽기만 해선 안 된다. '스스로 해야'만 비로소 효과가 있다!

우선 당신의 계획을 세워보자. 이 장의 보딩패스는 당신을 어떤 이상적인 곳으로 데려갈 것인가? 여행이 끝날 무렵 당신은 어떤 수확을 하고 싶으며, 얼마큼의 노력과 대가를 지불할 생각인가?

다음의 보딩패스를 보자마자 머릿속에 떠오른 느낌을 적어보자. 형식에 얽매이지 말고 손 가는 대로 적어보자. 너무 많이 적을 필요는 없다. 단지 지금의 심경을 '파악'만 하면 된다.

이제 보딩패스에 이름을 적자. 왜냐고? 자신의 이름을 적으면 잠재의식에 일종의 암시 효과를 줌으로써 좀 더 진지해지고 성실하게 주어진 일을 수행한다는 연구 결과가 있기 때문이다.

다 되었는가? 축하한다. 나와 함께 자아 탐색의 여정을 떠나준 점에 대해서도 감사의 마음을 전한다. 자 이제 출발해보자!

BOARDING PASS

FLIGHT DATE CLASS ORIGIN DEPARTS

OPERATED BY COACH DESTINATION

BRD TIME

(seat)

BOARDING PASS

DATE ___ / ___ / ___

NAME

(Sign here)

19

02
세상을 보는 또 다른 시선을 찾아서

누군가가 당신에게 "자기만의 세상에 살고 있군요"라고 말한다면 썩 달갑게 들리진 않을 것이다. 그런데 우리는 분명 그런 세상에 살고 있다. 그리고 그런 세상을 느끼고 살아간다는 건 매우 중요한 일이다. 이번 장에선 '주제통각검사(Thematic Apperception Test)'라는 심리 테스트를 통해 자신만의 세상으로 들어가고자 한다.

자, 오른쪽의 사진을 보고 어떤 생각이 떠오르는지 말해보자. 물론 너무 길어선 안 된다. 무슨 일이 일어난 것 같은가? 사진 속 소년이 무슨 생각을 하고 있을지 당신의 상상력을 발휘해보자. 소년은 어떤 마음인가? 사진을 찍기 직전 무슨 일이 있었고, 또 무슨 일이 일어날 것 같은가?

여기까지 읽었다면 잠시 멈추고 사진 아래 빈 부분에 당신이 느낀 그대로의 생각을 써넣어보자. 그리고 다음을 읽어주길 바란다. 나는 기다리고 있을 테니까.

자료 출처: Morgan, C. D. & Murray, H. A. Theatie Apperception Test.

지금 우리는 심리 테스트 주제통각검사를 해보았다(일반적으로 TAT라고 한다). TAT는 1935년 하버드대학교 심리학자 두 명이 발명한 '내면 투사' 테스트다. 이는 다각도로 설명이 가능한 사진을 보고 구성한 스토리를 통해 화자의 마음속 생각, 가치관, 편견 등을 볼 수 있다는 것을 전제로 하는 테스트다. 여기에는 정답도 오답도 없다.

TAT는 로르샤흐검사(Rorschach Test)*와 매우 흡사하다. 두 가지 모두 전통적인 심리 테스트지만, TAT를 이용하는 심리 치료사는 상대가 이야기를 구성하도록 유도하여 그 스토리 안에 담긴 치료자의 감정 혹은 인간관계 등의 경향을 파악한다. TAT를 대화의 유도체로 활용한 '허구적인 이야기'를 통해 개인적인 심리 문제를 살피며 고민하는 것이다.

다시 그림을 보면, 그림 속에서 인상을 쓴 채 악보를 내려다보고 있는 소년은 꽤 긴장된 모습이다. 아마 "아! 또 바이올린 수업이로구나!"라고 혼잣말을 하고 있는지도 모르겠다. 어쩌면 소년의 엄마가 조금 전에 다가와 이렇게 얘기했을 수도 있다.

"이번에도 열심히 켜지 않으믄 엉넝이를 맞을 줄 알아!"

어린 시절 악기를 배워보았거나 엄한 부모님 밑에서 자란 당신이라

---

* 로르샤흐검사: Rorschach Inkblot Method, 약자로 RIM이다. 스위스 정신과 의사인 헤르만 로르샤흐(Hermann Rorschach)가 1921년 만든 인격진단검사다. 테스트는 10장의 잉크블롯(Ink Blot: 얼룩)의 흔적이 담긴 카드로 이뤄진다. 시험 참가자는 요구에 따라 답을 하게 된다. 처음 카드는 무엇처럼 보이는가? 이후에는 무엇으로 느껴지는가? 심리학자는 다시 그들의 답과 통계 데이터에 근거해 시험 참가자의 성격을 판단한다. '거짓말 탐지기' 외에 이것은 영화 속에 자주 등장하는 '심리학 도구'이지만 실제로 심리사의 주관적인 견해를 바탕으로 하기에 현재 임상에서는 드물게 사용된다.

면 위와 같은 이야기를 구성할 수 있을 것이다.

반면 바이올린을 배우면서 상처받은 기억이 없는 사람이라면 그림 속 소년의 독백을 이렇게 구성할 것이다.

"정말 멋진 바이올린이구나! 얼마나 아름다운 소리를 낼까?"

심리학에서 가장 흥미로운 부분은 이렇게 세상을 보는 제각각의 시선들이 우리 생활에 미치는 영향을 설명할 방법이 없다는 점이다. 당신은 TAT 등의 테스트를 통해 다른 사람들의 이야기가 자신의 것과는 완전히 다르다는 걸 알 수 있고, 그 과정을 거치며 모두가 각자의 시선으로 이 세상을 바라본다는 사실을 차츰 인정하고 받아들이게 될 것이다.

여기서 잠시 읽기를 멈추고 조금 전 작성한 답안을 보며 스스로에게 질문을 던져보자. 어째서 이런 생각을 했는지, 왜 소년이 기쁘거나 혹은 슬프다고 생각한 것인지, 이런 방식의 대화 내용과 전후의 이야기를 구성한 이유는 무엇인지, 과연 그 이야기는 과거의 경험이나 인생과 관련이 있는지 등을 말이다.

TAT가 가치 있다고 평가되는 또 다른 이유는 자신의 생각을 돌아볼 수 있어서다. 하던 일을 잠시 멈추고 "왜 이런 생각을 했지?"라고 자문하는 것은 자신도 모르는 사이 EQ 훈련의 가장 핵심인 자각과 반성, 바로 상위인지(Metacognition)를 하고 있음을 뜻한다. 영어로 얘기하자면 'Thinking About Thinking, 당신의 생각을 생각하라!'를 하고 있는 것이다. 이 문구의 약자 역시도 TAT다.

자각 능력이 떨어지는 사람들은 눈앞에 놓인 사실만이 유일한 사실이라고 맹신한다. 그렇다 보니 그 사실을 어떤 상태로, 또 어떤 느낌으로 받아들이는가가 자신의 심리 상태에 달렸다는 점을 잊곤 한다. 이런 심리 상태는 의식적으로 혹은 무의식적으로 선택될 수 있다. 평소 반성이나 자각하는 일이 드문 사람이라면 이런 선택지가 존재한다는 사실을 쉽게 잊기 때문에 실제로 존재할 만한 다른 가능성들은 놓치게 된다.

따라서 심리 치료를 하면서 자각과 반성의 연습을 자주 하다 보면 모든 일을 어떻게 바라볼지는 개인의 선택이라는 점을 배우게 된다. 스스로 생각의 프레임과 관성적인 반응의 고리에서 벗어날 능력을 갖췄다는 점을 깨닫는 것이다.

당신도 간단한 TAT를 통해 자신을 알아가고, 'Think about your thinking'을 실천함으로써 자신의 내면 투사를 반성해볼 수 있다. 정답은 없다. 당신의 해석이 특이한 게 당신한테 문제가 있어서라고 생각하는 것은 절대 금물이다!

그저 편안한 마음으로 창의력을 발휘해 즐기면 된다. 자, 이제 사진들을 보며 느낀 그대로를 스토리로 만들어보자!

TAT 연습

이번 장에서 나는 실제로 TAT 테스트를 해보려고 한다. TAT 흑백사진은 1930년대부터 이용되었다. 상당히 오랜 시간이 흘렀음에도 이 사진들은 여전히 널리 활용되고 있다. TAT는 분명 테스트이지만 그렇다고 해서 정답이 있는 것은 아니다. 다만 당신이 자신의 속마음을 들여다볼 수 있도록 돕는 것이다. 사실 TAT 테스트를 제대로 하려면 전문 심리사와 함께 총 32장의 사진을 보며 몇 시간에 걸쳐 진행해야 한다.

여기서는 이 테스트를 통해 당신 자신이 어떤 근거로 상황을 판단하는지에 대해 고민해보려고 한다. 다시 말해 'Think about your thinking'을 하는 것이다. 잊지 말아야 할 것은 여기엔 정답도, 오답도 없다는 점이다.

준비되었는가?
Ready
Go!

나는 32장의 TAT 사진 중 2장을 선택했다. 당신이 느낀 바대로 다음의 문제에 답해주길 바란다.

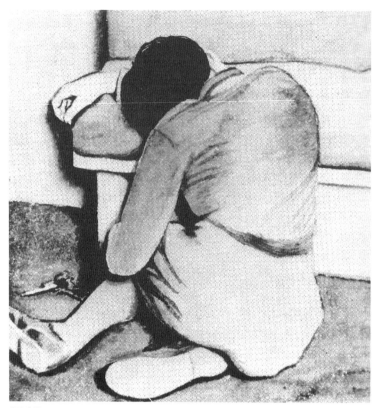

자료 출처: Morgan, C. D. & Murray, H. A. Theatie Apperception Test.

1. 사진 속에서 무슨 일이 일어나고 있는가?

2. 사진 속 주인공은 무슨 생각을 하고 있는가?

3. 주변 사람들에게도 물어보자. 그들과 당신의 답은 같은가?

자료 출처: Morgan, C. D. & Murray, H. A. Theatie Apperception Test.

1. 사진 속에서 무슨 일이 일어나고 있는가? 혹은 무슨 일이 일어났는가?

2. 사진 속의 사람은 무슨 관계인가?

3. 주변 사람들에게도 물어보자. 그들과 당신의 답은 같은가?

지금, 세 가지 문제를 다시 생각해보길 바란다.

1. 당신의 답안은 과거에 겪었던 특별한 경험의 영향을 받았는가?

2. 일상에서 어떤 상황이 벌어지면 당신은 혹시 불명확한 일에 대해 '투사'적 판단을 하진 않는가?

3. 타인과 당신의 스토리가 다르다면 당신은 다른 사람의 관점을 이해할 수 있는가? 당신은 그들과 관점이 다르다는 것을 알고 난 후 그들이 다르다고 느껴지는가?

일상에서 우리는 언제든지 잠시 하던 일을 멈추고 자신의 생각을 돌아보며 '왜 이렇게 반응했지?', '내가 본 이야기가 절대적인 사실일까?'를 자문할 수 있어야 한다.

03
학습된 낙관주의

당신은 종종 무기력함을 느끼는가? 우린 결코 태어날 때부터 무기력하지 않았다. 다만 사소한 좌절과 절망들이 쌓여가면서 점차 비관적인 사람이 된 것이다. 그나마 다행히 연습을 통해서 조금씩이라도 낙관적인 마인드로 돌아가고, 또 그간의 편견에서 벗어날 수 있다.

세상을 보는 눈은 저마다 다르다고 한다. 도대체 그 '다름'은 어디서 비롯된 것일까? 우리가 태생적으로 갖는 차이도 이유가 된다. 충동적인 사람이 있는 반면, 매사 신중을 기하는 사람이 있고, 늘 빠르게 반응하는 사람이 있는가 하면 하는 일마다 굼뜬 사람이 있다. 대자연 속 동물 무리에서도 이런 개성의 차이를 볼 수 있다. 어떤 선천적인 개성들은 유전되는데, 심지어 쉽게 즐거움을 느끼는지 여부도 유전의 영향을 받는다.*5

---

* 17개국 연구자 190여 명이 약 30만 명의 유전자조직 데이터를 분석한 결과 주관적인 행복감과 연관된 유전인자를 발견했다.

그러나 선천적으로 호기심이 없고, 자기를 비하하며 스스로를 루저라고 생각하는 사람은 없다. 더욱이 태어나자마자 살고 싶지 않다는 생각을 하는 이는 결코 없을 것이다. 이런 심리 상태들은 모두 후천적인 경험과 학습이 빚어낸 결과다.

행동심리학계의 바이블 '파블로프의 실험'을 한 번쯤은 들어보았을 것이다. 학자는 종이 울리면 개에게 먹이를 주었다. 몇 번을 반복하자, 이 개는 종소리만 들리면 먹이가 없더라도 침을 흘리게 되었다. 개의 뇌는 '종소리'와 '음식'을 연결 지었고, 그에 따라 종소리가 울리면 먹을 준비를 하게 된 것이다.

1960년대, 펜실베이니아대학교에서 심리학을 연구하던 마틴 셀리그만(Martin Seligman)은 아주 잔혹한 실험을 했다. 종소리가 울리면 개들에게 먹이를 주는 것이 아닌 전기충격을 가하는 실험이었다. 다시 말해 종소리를 '보상'이 아닌 '처벌'과 연결 지은 것이다.

전기충격을 받는 개는 얼마나 고통스럽겠는가. 개는 자연스레 도망가려고 할 것이다. 실험에서 개 한 무리는 도망갈 수 있게 하고, 다른한 무리는 도망갈 수 없게 했다. 몇 번의 '훈련'이 반복되자 도망갈 수 없는 개들은 종소리가 울리면 전기충격을 가하지 않아도 고통스럽게 울부짖었다.

실험의 두 번째 단계에서 셀리그만은 모든 개가 쉽게 탈출할 수 있는 환경을 만들고 다시 종을 울렸다. 그러자 처음부터 탈출이 가능했던 개들은 즉시 도망쳤고, 탈출할 수 없던 불쌍한 개들은 즉각 엎드려 슬피 울 뿐 탈출 시도조차 하지 않았다.

셀리그만은 이 실험을 통해 탈출할 수 없는 개들은 스스로 전기충격에서 벗어날 수 없다고 인식하고 의지를 잃었다는 결론을 얻었다. 외부환경이 변화됐음에도 그 개들은 여전히 무기력한 모습을 보였다. 셀리그만은 이런 상황을 '학습된 무기력(Learned Helplessness)'이라 칭했다.*

동물은 무기력을 학습한다. 인류 역시 다르지 않다. 간단한 예를 들어보자. 누군가가 한 소년에게 끊임없이 "너는 어쩜 이렇게 멍청하니! 이렇게 간단한 것조차도 하지 못하다니!"라고 질책했다고 하자. 이 소년은 성년이 되어서도 시험 문제를 보면 마음속에서 불편한 기억들이 솟구쳐 무기력해지다가 이내 포기해버릴 가능성이 농후하다.

우리는 이런 사람을 "자신감이 없다", "비관적이다", "소극적이다"라고 말하지만, 그 배후에는 '학습된 무기력'이라는 심리적 원인이 존재하는 것이다. 혹시 주변에 입버릇처럼 "난 뭘 해도 아무 도움이 안 돼"라고 말하는 사람이 있는가?

'학습된 무기력'은 수많은 인재를 말살하며 사회 발전의 기회를 가로막아왔다. 자신이 고통스런 상황에서 벗어날 수 없다고 느꼈다면 당신은 적극적으로 출구를 모색할 수 있겠는가? 다양한 사회 문제와 부정적인 에너지는 대부분 이와 같은 '어쩌지 못하는' 무기력에서 시작되는 것이다.

그런데 1960년대에 접어들어 셀리그만은 그의 연구 인생의 전환점

---

* 당신 역시 너무 잔인한 실험이라고 생각하는가? 그렇다. 셀리그만 자신도 이 실험으로 말미암아 고통받고 있음을 인정했다. 오늘날의 학술 연구의 도덕적 규범 아래서는 이런 실험은 결코 용납되지 않았을 것이다. 그만큼 셀리그만 본인 역시 이 때문에 심리적으로 일대 혼란을 겪었다. 이후의 내용에서도 셀리그만과의 만남은 계속될 것이다!

을 맞는다. 그는 개, 원숭이, 인간 등 실험 대상 1/3의 일은 학습된 무기력에 쉽게 빠지지 않았고, 환경의 변화로 처한 고통에서 벗어날 출구를 신속하게 찾는다는 사실을 발견했다.

과연 그들의 '면역력'은 어디서 온 것일까?

여러 요소 중 하나는 이 실험 대상이 '좌절을 극복해본 경험이 있는가' 하는 것이었다. 스스로 어려움을 극복한 경험이 있는 사람이라면 통제 불가능한 상황에 빠졌더라도 쉽게 학습된 무기력이 나타나지 않았다. 게다가 이런 경험을 어린 시절에 겪었을수록 그 효과가 큰 것으로 나타났다. 어린 시절 좌절을 이겨낸 경험은 성인이 된 후 마주한 어려움을 극복하는 데 도움 될 수 있다. 이 발견은 유아교육의 중요성을 새삼 일깨워준다!

셀리그만은 '학습된 무기력'은 30세 이후에 나타난다고 정의하면서 낙관주의 역시 학습된다고 주장했다. 그리고 이를 'Learned Helplessness'의 상대적 개념인 'Learned Optimism', 즉 '학습된 낙관주의'라고 말했다.

학습된 낙관주의를 이해하기 위해 생활 속에서 마주할 수 있는 좌절들을 세 가지 유형으로 구분해보자.*

A는 Adversity, 좌절·역경·도전이 마음대로 되지 않음

B는 Belief, A에 대한 자아 신념과 마음 상태

---

* 이 ABC 논술법은 20세기 심리학의 대가 앨버트 엘리스(Albert Ellis)가 제시한 것으로, 그가 발명한 '합리정서행동 치료(Rational Emotive Behavior Therapy, REBT)'의 초석이 되었다.

C는 Consequence, B 때문에 취하는 행동 혹은 부정적인 결과

예컨대 두 사람이 각각 50분간 시험을 치렀다. '시험을 잘 보지 못한' 일은 그 두 사람에게 A^(좌절, Adversity)이다.

두 사람 중 한 사람은 비관론자이다. 그는 스스로에게 말한다.

"어떻게 이렇게 바보 같을까!"

이런 이해방식은 그의 B^(신념, Belief)이자 '개인적으로도', '영구적으로도', '통제할 수 없는' 것이다. 따라서 그는 술집을 찾고 집에 돌아와서는 모든 참고서를 버린다. 또 가족들과 크게 다툰다. 이런 모습이 바로 C^(부정적인 결과, Consequence)이다.

낙관론자인 다른 한 사람은 스스로에게 말한다.

"이번에는 시험 범위를 잘못 알고 있었어!"

"내가 충분한 준비를 하지 못한 거야! 하지만 다음번에는 잘할 수 있어!"

차이점을 찾았는가? 낙관론자는 스스로 바보, 얼간이라며 자책하는 대신 어디에 문제가 있었는지 고민했다. 낙관론자는 이런 좌절은 다만 '일시적'인 현상일 뿐 충분히 '개선할 수 있다'고 생각한다. 따라서 낙관론자는 자신에게 더 많은 시간을 투자해 준비하고 다시 도전한다.

두 사람의 A는 같았다. 하지만 B가 달라지면서 완전히 다른 C를 낳았다. 앞으로의 인생도 매우 다를 것으로 예상된다. 자, 이제 노트북을 꺼내서 ABC를 실생활에 적용시키자!

믿음이 핵심이다

많은 이가 좌절 앞에서 '편견이 앞서는' 경향을 보인다. 그러나 '충동적인 행동으로 말미암은 결과'는 후회만 남길 수 있다. 이런 경우 ABC는 고리가 되어 매번 동일한 일이 일어날 때마다 부정적인 결과를 초래한다. 그렇다면 이런 상황을 피할 방법은 없을까?

ABC 세 가지 단계의 핵심은 바로 B, 즉 Belief이다. 우리는 B에 주안점을 두고 고민해봐야 한다. 어려움 앞에 서면 낙관론자 역시 비관론자와 마찬가지로 부정적인 반응을 보일 수 있다. 하지만 낙관론자는 잠시 멈추고 스스로에게 충동을 억제할 시간을 줌으로써 다양한 각도에서 생각을 거듭할 것이다. 그 과정을 거치면서 부정적이고 충동적으로 일을 처리하면 결코 좋은 결과를 얻을 수 없음을 깊이 깨달을 것이다.

B가 좋지 않다면 C 역시 좋을 수 없다.

생각을 바꾸는 것은 결코 자신을 기만하는 행위가 아니다. 다만 긍정적인 방향으로 생각을 바꿔 일을 처리하는 것뿐이다. 이렇게 하면 자신도 모르는 사이에 순조롭게 일이 해결되고 뇌세포들의 죽음도 줄일 수 있다. 이런 '긍정적인 마인드'는 충분히 축하할 만하다. 비로소 생각을 바꿔 손해를 보았다는 생각을 하지 않을 테니까.

ABC 세 단계는 각각 'Adversity', 'Belief', 'Consequence'를 대표한다. 핵심은 이 단어들이 아니라 최근 마음먹은 대로 이뤄지지 않았던 일들을 이 세 가지 단계를 적용해 생각하는 연습을 해보는 것이다. 다음의 문항에 대한 생각을 간략히 적어보자.

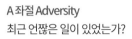

ABC 반복 연습

A 좌절 Adversity
최근 언짢은 일이 있었는가?

B 믿음 Belief
언짢은 일이 생겼을 때 우리는 책임 소재를 밝히려고 한다. 하지만 우리가 늘 공평할 순 없다 보니 편견으로 판단을 할 수도 있다. 이런 일이 발생했을 때 당신은 마음속으로 '자신과 어떠한 대화'를 나누는가?

C 결과에 대한 고민 Consequence

앞으로 어떻게 처리할 생각인가? 당신의 처음 반응은 어땠는가? 그 반응은 당신의 편견, 믿음과는 어떤 관계가 있는가?

아마도 당신은 낙관적인 사람일 것이다. 그 점은 우선 축하할 만하다. 그렇대도 이 연습은 꼭 해두길 바란다. 속마음을 적다 보면 새로운 통찰력이 생길 수 있으니까.

ABC 단계의 연습을 마치고 난 후 A의 방법이 바뀌었다고 느꼈는가? 많은 이가 A를 바꾸고 싶어 하지만 결국에는 바꾸지 못한다. 당신이 시공간을 초월하며 이미 벌어진 일을 되돌릴 수 있는 능력자가 아닌 이상, 이런 얽히고설킨 생각들은 자신의 에너지만 축낼 뿐이다.

핵심은 바로 B 단계에 있다. 이 역시 학습된 무기력감이 존재하는 부분이다.

비록 '본성은 변하지 않는다'고 하지만 당신에겐 선택권이 있다. 일의 결과와 당신의 마음이 절대적인 관계라면 미래를 결정할 지렛대는 B에 있는 것이다. 이와 같은 연습을 통해 다른 마음 상태가 어떻게 다른 부정적인 결과를 낳는지 쉽게 발견할 수 있을 것이다.

04
생각을 바꾸면 운수대통이다

우리는 앞에서 A$^{(좌절을 겪고)}$, B$^{(신념을 돌아보며)}$, C$^{(부정적인 결과를 고민해보는)}$를 연습했다. 일상에서 우리의 생각을 변화시킬 방법은 없을까?

비관론자와 낙관론자의 운명에는 아주 큰 차이가 있다. 낙관론자들이 비교적 건강하게 오래 사는 반면, 비관론자들의 몸과 마음에는 갖가지 문제가 쉽게 나타난다.

당신이 과거에 무기력을 학습했거나 늘 불공평한 운명에 처했다면 당신은 비관적인 사람이 되었을 것이다. 그렇다면 나는 이렇게 말할 것이다.

"맞아요! Life sucks! 사는 건 정말 힘들어요!"

하지만 누군가가 살며시 다가와 "조금은 편하게 살 방법이 있어요. 아주 간단한데 한번 들어보겠어요?"라고 묻는다면 어떨까?

앞에서 배운 ABC이론을 복습해보자. A는 좌절, B는 믿음, C는 행동의 성과다. 긍정심리학의 대부 셀리그만은 ABC이론에 D와 E를 덧

붙여, ABCDE라는 한층 진화된 이론을 내놓았다.

D는 Disputation, 논쟁이다. 즉, 기존의 자신이 가졌던 편견과의 논쟁을 뜻한다. 자신과의 논쟁이라는 말이 너무 과하다고 느껴진다면 '반성'쯤으로 이해해도 무방하다. 이제 다른 가능성들을 충분히 고려하여 기존의 프레임에서 벗어나자.

E는 Energization, 에너지화이다. 기존의 프레임에서 일단 벗어났다면 다시 희망과 에너지를 얻어 행동에 옮기고 변화를 일궈낼 수 있다. 이 역시 속마음을 소모시키던 기존의 부정적인 에너지(예컨대 분노, 원한)를 건설적인 행동 에너지로 변화시키는 것이라 할 수 있다.

A →	Adversity	좌절 혹은 도전
B →	Belief	이 일에 대한 편견과 심리 상태
C →	Consequence	실행한 행동 혹은 부정적인 결과
D →	Disputation	기타 가능성에 대한 반문, 반성
E →	Energization	프레임에서 벗어나 희망을 갖고 에너지를 재충전

01장에서 언급했던 '학습된 무기력'에 대해 다시 생각해보자. 어릴 적 수학 시간에 야단을 맞아보았다면 숫자에 대해 안 좋은 기억이 있을 것이다. 그런데 그런 당신에게 사장이 판매 데이터 분석을 지시한다면 당신은 어떻게 할까? 아마도 어디부터 손대야 할지 몰라 막막할 것이다. 이것이 'A(좌절)'이다. 이후에도 수학이 싫고 어렵다고 느끼고 있었다면 이는 'B(편견)'이다. 그리고 결국 포기한다면 당신에 대한 사장

의 신뢰는 바닥으로 떨어질 것이다. 그러면 이는 'C^(부정적인 결과)'가 된다.

당신은 스스로 뉘우치고 이렇게 자문해볼 수 있다.

"사장이 요청한 판매 데이터 분석이 도저히 할 수 없는 일이었을까? 다른 동료들은 할 수 있을까? 동료들에게 가르쳐달라고 할 수 있지 않았을까? 아니면 인터넷으로 배울 수 있진 않았을까? 정말 생각처럼 그렇게 어려운 일이었을까?"

이런 물음을 반복하다 보면 기존의 편견이라는 울타리에서 벗어날 수 있다. 동시에 이렇게 생각하고 있는 자신도 칭찬해야 한다.

"그래! 풀리지 않는 문제는 없어!"

그러고는 행동에 옮겨 동료에게 도움을 요청하거나 인터넷으로 자료를 찾으면 된다. 기존의 어려운 문제가 해결되는 기미가 보이면 당신은 더 큰 성취감을 느낄 수 있다. 그리고 다시 한 번 스스로에 대한 격려도 잊어선 안 된다.

"자, 봐봐. 이렇게 하니까 정확하고 긍정적인 방법을 찾을 수 있잖아! 파이팅!"

평소 어려움이 생겼거나 고민이 필요할 때 ABCDE 기법으로 생각한다면 스트레스는 물론 걱정과 부정적인 행동을 줄일 수 있다. 절대로 이 시스템을 얕잡아 봐선 안 된다. 미군에서도 셀리그만을 초청해 자문을 구하고 이 기법을 활용해 군인들에게 필요한 심리 훈련을 했고, 그 결과 적지 않은 성과를 얻었다.**6**

그 밖에도 ABCDE이론은 아이의 교육에도 매우 효과적이다. 만약 아이가 좌절했다면 ABCDE 기법을 이용해서 곤경에 처했을 때 대응하는 방법을 스스로 습득하도록 유도해보자. 아이는 일찍부터 유연한 사고를 할 수 있을뿐더러 덤으로 EQ도 향상될 것이다.

미국에 거주하는 한 친구가 아들을 데리고 스케이트를 배우러 갔다. 친구 아들은 조심하지 않은 나머지 한 여자아이 앞에서 넘어졌다. 그 모습을 본 여자아이는 웃으며 친구 아들을 일으켜주었다. 그런데 친구 아들은 고맙다는 인사는커녕 여자아이의 손을 뿌리치고는 아빠 품으로 달려와 안겼다. 친구는 아들에게 물었다.

"왜 고맙단 말도 안 하니?"

아이가 말했다.

"절 보고 웃었어요! 다른 사람이 모두 절 보고 웃었다고요! 이제 스케이트는 안 탈래요!"

친구는 아들의 손을 잡고 두 눈을 바라보며 부드럽게 물었다.

"그 친구가 웃은 건 너랑 친구가 되고 싶어서가 아닐까? 어느 날 네가 스케이트 선수만큼 잘 타게 되었을 때 누군가가 넘어졌다면 분명 가서 일으켜주지 않겠니? 그때의 너도 그 사람에게 미소를 짓고 있지 않을까? 가서 친구에게 고맙다고 말한다면 친구가 너무 좋아할 거야. 너를 도와주었잖아."

쭈뼛대던 아들은 결국 감사 인사를 전하고 왔다. 여자아이의 부모는 자신의 아이한테 친구에게 스케이트를 가르쳐주라고 하였고, 두 아이는 함께 스케이트 연습을 했다. 연습이 모두 끝난 후 친구는 용기를 낸 아들을 크게 칭찬해주었다. 친구는 D 요소를 첨가해 아들과 함께 여러 가능성을 고민했고, 이후 아들에 대한 칭찬을 통해 E 에너지를 표현해냈다.

그렇게 ABCDE 과정이 정상적으로 마무리되었다.

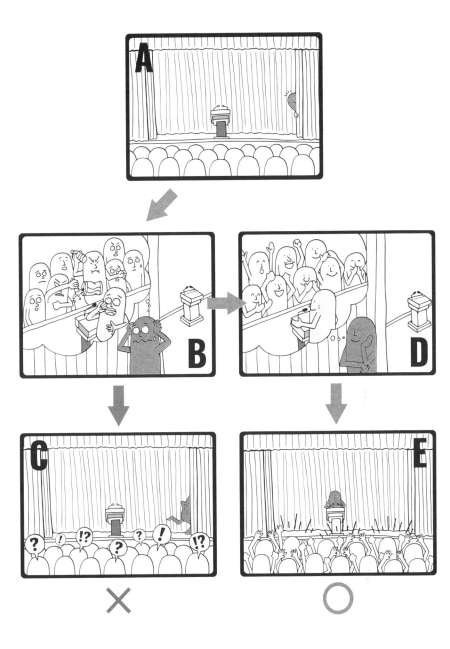

작은 변화로
크게 성장할 수 있다

과거 나는 뉴욕에서 DJ생활을 한 적이 있었다. 당시 나름대로 인기가 있었던지라 어느 순간 혹여 음악 선택을 잘못해서 몸값이 떨어지면 어쩌나 하는 생각과 함께 점점 그 인기가 부담스럽게 느껴졌다. 그 시기에 나는 내 실력이 늘 답보 상태라고 생각했다. 그런데 훗날 친구의 이야기를 듣고 보니 내가 당시 여러 장르의 곡을 시도해보고 무대에 오를 수 있는 매번의 기회들을 충분히 활용했음을 알았다. 그 덕분에 실력이 한층 성장할 수 있었고, 더 많은 활동을 이어갈 수 있었음을 깨닫게 됐다.

당신은 어떠한가? 무언가 바꾸고 싶은가? 그럼 아주 간단하다. 그게 무엇이든지 용감하게 뛰어들어 배워라! 자신의 마음만 바꾼다면 변화를 즐길 수 있고, 기꺼이 도전을 받아들이고 능력을 발휘하는 활기찬 낙관주의자가 될 수 있다.

변화, 어쩌면 정말 별거 아닌 일일지도 모른다. 핵심은 바로 조금씩 쌓아간다는 것이다. 나는 당신이 가능한 한 도전해보고 한층 성장한 자신과 마주하길 바란다.

ABCDE 생각을 바꾸는 법

1단계: 자신의 상태를 파악한다.
최근 당신을 언짢게 한 일과 당시의 심정을 간략히 써보자.

2단계: 속마음을 말해보자.

한번 살펴보자. 당신이 '해야' 혹은 '하지 말아야'라는 말을 이용해 지금 마주한 문제를 표현할 수 있는가?

예를 들어, 나는 그의 초대에 답해선 안 된다!
나는 이런 감정을 끝내야 한다!

우리 마음속의 웅어리는 현재 상황에 대한 불만에서 비롯된다. 어떤 일이든 어떻게 '해야' 할 수도, '하지 말아야' 할 수도 있다. 이처럼 '해야' 하거나 '하지 말아야' 하는 것은 마땅히 표현해야 한다. 이것은 당신의 입장이고, 당신의 Belief, 즉 이 일에 대한 가치관과 관점을 말하는 것이기 때문이다.

3단계: 생각의 결과
한번 구상해보자. 당신의 마음은 어떻게 하고 싶은가?

예컨대 나는 매우 절망스럽다.
식당에 가서 배가 터지도록 먹고 싶다.

당신이 '나는 뭐든 할 수 없다고 생각하고 울적한데도 속으로 꾹 참고 있다'면 그대로 적어보자.
이 단계는 당신의 심리 상태와 행동의 연관성을 알기 위한 과정이다.

4단계: 다시 한 번 돌아보자!

현재 상황을 2단계에서 적었던 '해야 할 / 하지 말아야 할' 문구를 사용해 역으로 바꿔보자. 본래 '해야 할' 것을 '하지 말아야 할' 것으로 바꿔보자.

'나는 그의 초대에 응하지 말았어야 했어!' → '나는 그의 초대에 응했어야 했어!'
'나는 이런 감정을 끝냈어야 했어!' → '나는 이런 감정을 끝내지 말았어야 했어!'

제5단계: 마음의 에너지를 바꿔 행동을 취하라

당신은 이 과정이 이상하게만 보일 것이다! 그렇더라도 포기하지 말고 끝까지 마무리해보자. 그리고 이번에는 되도록 여러 합리적인 해석을 해보자.

'나는 그의 초대에 응했어야 했어!'를 예로 들어보면,

'나는 그의 초대에 응했어야 했어! 왜냐면……'

…… 이건 쉽지 않은 기회니까. ……

행사에 참여하는 사람들은 모두 내가 알고 싶었던 사람들이니까.

이것은 ABCDE에서 가장 핵심적인 'Disputation'이다. 당신은 지금 자신과 '논쟁' 중이다. 논리적인 방식으로 자신의 생각을 적어보자. 물론 내용은 많으면 많을수록 좋다.

우리는 대개 무언가를 생각할 때 순서를 고려하지 않는다. 그런 의미에서 ABCDE 기법을 활용한다면 꼭 절대적인 답안을 찾을 수 있다고 장담할 순 없지만, 적어도 다양하게 생각의 길을 열어볼 수는 있다. 또한 감정과 입장, 현실을 구분해서 고민할 수도 있다.

자신과 논쟁을 끝내고 나면 논쟁 전의 부정적인 감정이 조금이나마 누그러졌음이 느껴질 것이다. 설령 화가 나 있더라도 에너지가 늘어났기 때문에 더 이상 진퇴양난의 상황은 아닐 것이다. 그런데 만약 저녁 늦게까지 화가 나 있으면서도 마냥 참기만 한다면 마음에 상처를 줄뿐더러 몸까지 상할 수 있다.

이런 경우 당신은 ABCDE 속의 'D(자아 논쟁, Disputation)'를 떠올려 자문할 수 있다.

'이 에너지를 이 복잡한 상황에서 어느 중점으로 옮길 수 있을까?'

예컨대 당신이 '행사 참여자들은 모두 전부터 알고 지내고 싶었던 사람들이다'를 인정한다면 정신을 가다듬고 최상의 컨디션으로 초대에 응하고, 그들과 친목을 다지는 데 모든 에너지를 쏟아부어야 한다.

ABCDE 생각 바꾸기 기법을 자주 연습한다면 이런 느낌과 생각이 더 자연스러워지고, 점차 '쓸모없는 일'에 대한 감정적 에너지를 건설적인 행동으로 변화시키는 방법을 터득할 것이다.

05
마음을 움직여라

행동의 동기는 종종 되새겨봄 직하다. 이번 장에서는 '목표이론'으로 행동의 배후를 분석해보고자 한다. 행동의 이유가 과연 잘하기 위해서일까, 만족하기 위해서일까, 아니면 누군가에게 보이기 위함일까. 그 동기에 따라 그릇된 행동을 할 수도 있고, 부정적 결과를 초래하기도 한다. 이 분석의 틀을 학습한다면 우리는 앞으로 만날 수많은 선택의 기로에서 좀 더 현명한 결정을 내릴 수 있을 것이다.

얼마 전 나는 스린 지방을 찾았다. 곳곳을 걷던 중 야시장 부근의 한 가게 앞에 긴 줄이 이어진 광경을 보았다. 줄은 수백 미터는 족히 되어 보였다. 그들이 줄을 선 이유는 그곳이 맛집이어서가 아니라 한정판 축구화를 팔고 있었기 때문이다.

누군가가 줄을 선 사람들에게 고작 신발 한 켤레를 사려고 이렇게 오랜 시간 긴 줄을 서 있느냐고 묻는다면 각양각색의 답변이 쏟아질 것이다.

"Yeezy Boost350 V2잖아요! 운이 좋으면 Blue Tint 디자인도 살 수 있을지 몰라요!"

"곧 남편 생일이에요. 선물하면 틀림없이 좋아할 거예요. 그래서 서프라이즈 이벤트를 해주려고요."

"제가 바로 축구화 덕후예요. 최신 리미티드 에디션을 신고 걸으면 마치 바람을 가르는 느낌이에요!"

"다시 되팔면 금세 돈을 벌 수 있어요!"

"이렇게 많은 사람이 줄을 섰으니 분명 좋은 물건이지 않겠어요?"

사람마다 그 동기도 제각각이다. 이해되는 부분이 있는가 하면 도무지 이해 안 되는 부분도 있다.

'쳇! 이 땡볕에서 세 시간 넘도록 기다린 이유가 고작 이거라고?'

신발을 산 건 어느 날 오후에 있었던 일이다. 하지만 인생 계획을 말한다면 그 동기는 결코 무시할 수 없다. 인생은 그저 앉아서 일이 목전에 다칠 때까지 기다리는 게 아니다. 적극적으로 우리의 삶을 쟁취하고, 설계하며 행동에 옮겨야 한다. 그렇지 않은가? 그 마음을 움직이는 건 무엇일까? 또 노력하게 만드는 그 동기는 또 무엇일까?

앞서 우리는 좌절 앞에 섰을 때의 마음가짐이 얼마나 중요한지 살펴보았다. 5장에서는 심리 상태와 동기가 능동적인 선택에 미치는 영향에 관하여 이야기하고자 한다.

사람의 동기는 매우 복잡하다. 과거 많은 이가 의대 진학을 꿈꿨었다. 그중 대다수는 사람을 구하기 위해 의대 진학을 선택했을까? 아니면 많은 월급과 사회적 지위를 생각해서 선택했을까?

요즘 많은 젊은이가 창업을 꿈꾼다. 그중 사명감이나 비전을 고려한 젊은이는 얼마나 될까? 또 돈을 벌기 위해 시작한 젊은이는 얼마일까? 대다수가 새로운 집단을 창조하고 리드하는 삶을 동경한다. 또 자신이 사장이 되길 원하지, 더 이상 남의 밑에서 일하려고 하지 않는다.

사실 자신이 무언가를 선택하게 된 동기가 무엇인지 잘 모르는 경우가 허다하다. 그런데 우리가 결코 간과해선 안 되는 것이 있다. 중요한 무언가를 결정하기 전에는 반드시 마음의 목소리에 귀 기울여보는 것이 매우 중요하다는 점이다.

'무엇을 위해 이렇게 하려는 거지?'

당신은 최선을 다해 성실하게 이 질문에 답해야 한다. 자신에게조차 솔직히 말하기가 꺼려진다면 그때는 자신도 무엇 때문인지 몰라서일 테니까 이상하게 여길 필요 없다.

심리학의 '목표이론(Goal Theory)'은 인간의 동기를 두 축을 이용해 정의했다. 우선 종이 위에 두 줄의 대각선을 그리고 한 선의 좌우 양측에 '자아'와 '임무'를 써보자. 그리고 다른 선의 위아래에 '접근'과 '회피'를 써보자.

첫 번째 축 '임무 vs. 자아': '임무'의 극단은 순수하게 그 일에 몰두했거나 자신의 마음과 별개로 그저 해야 할 일일 뿐이다. '자아'의 극단의 동기는 완전히 이기적이며, 단지 자신의 니즈를 만족시키기 위함이다.

두 번째 축 '접근 vs. 회피': '접근'은 비교적 능동적이며 적극적인 행위다. 예컨대 학위를 따기 위해 박사 과정에 진학하는 것이다. 그러나 모든 동기가 적극적이지만은 않다. '기회를 놓치고 싶지 않아서'일 수

◎당신이 한 일의 동기는 어떤 유형인가?

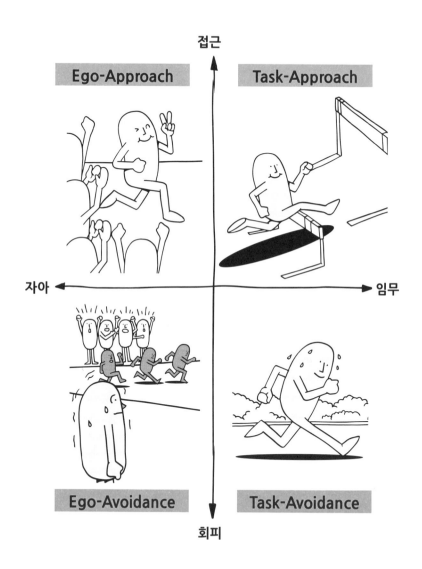

도 있고, '뒤떨어지기 싫어서' 등의 이유 때문에 새로운 기술을 배울 수도 있다. 이런 경우는 '회피'의 동기라고 봐야 한다.

그래서 각종 행위와 동기를 두 축의 선 사이에 놓고 사분면의 어느 부분에 놓였는지 살펴볼 필요가 있다. 최근에 있었던 일들을 떠올려 당시의 생각이 자신을 위해서였는지, 어떤 일을 잘하기 위해서 한 결정이었는지, 혹은 이상적인 목표로 접근하기 위한 것이었는지, 우려했던 일이 벌어지는 걸 막기 위해서였는지 고민해보자.

모든 결정은 어렵다. 나를 위한 것일 수도 있고 일을 잘하기 위해서일 수도 있다. 분명, 자문해보면 여전히 어떤 부분에 '치우쳐' 있을 것이다. 당신은 종이 위에 이 두 가지 축을 따라 과거의 결정에 대한 '포지셔닝'을 한 후, 혹시 절반 이상이 사분면의 한쪽에만 집중되어 있지는 않은지 알 수 있다.

이어서 이 사분면의 조합을 이해해보자.

임무-접근(Task-Approach)

이런 동기는 특정한 일에 대한 전문성을 높이기 위해 능동적으로 연습하고 반복해서 완벽히 처리하도록 만든다. 그 자체가 바로 동력이다. 교육학자들은 이와 같은 동기를 가졌을 때 학습 효과가 가장 좋다고 말한다. 당신의 동기 대부분이 이 사분면 안에 있다면 더욱 적극적으로 임해야 한다. Good for you!

임무-회피(Task-Avoidance)

어떤 일을 잘하려고 또는 잘 해내기 위해서 관련 없는 일이나 집중에 방해되는 일들을 포기해버리는 것을 의미한다. 동기의 반 이상이 이 사분면에 있다면 당신은 평소 최선을 다해야만 목표를 이룰 수 있다고 생각하다 보니 쉽게 스트레스를 받는다. 자율적인 것도 좋다. 하지만 변화무쌍한 현대 사회에서는 유연해질 필요가 있다. 특정한 목표에만 집착하여 눈앞에 놓인 다른 기회들을 놓치는 우를 범하지 말자.

자아-접근(Ego-Approach)

이 유형의 동기는 두각을 나타내고 남에게 과시할 수 있도록 만든다. 이런 동기는 아주 강력한 신분 상승 욕구나 승부욕에서 비롯된다. 그동안 해온 일들 절반 이상의 동기가 여기에 속한다면 평소 활력이 넘쳐 보이지만, 스포트라이트를 받지 못하거나 대중에게 외면받는 경우, 혹은 다른 사람의 통제 밑으로 들어간다면 곧 흥미를 잃고 만다. 이런 유형의 동기를 가진 사람은 평소 언행을 조심해야 하는데, 특히 자신을 돋보이게 하고자 무심코 던진 말로 타인에게 상처 주는 일이 없도록 해야 한다.

자아-회피(Ego-Avoidance)

이 유형은 이미지관리를 위해 도전적이거나 이미지에 타격을 줄 일은 피한다. 당신의 동기 중 절반 이상이 여기에 속한다면 당신은 '갑갑하게' 느낄 수 있다. 생각이나 행동 역시 비관적이다. 혹시 완벽한 기준에 유달리 집착하면서도 꿈을 향한 도전이나 눈앞의 좌절에는 무신경한 건 아닌지 자문해볼 필요가 있다.

사분면의 조합을 통해 자신의 생활과 마음속 동기를 살펴보면 자신의 심리 상태를 알 수 있다. 예컨대 당신이 최근 해온 일 상당수가 '자아-회피'의 사분면에 속한다면 외부의 스트레스로 자신에 대한 믿음이 사라지진 않았는지, 나 자신을 보호하기 위해 소통이 필요한 부분을 모른 척했는지, 옳다고 여기는 일에 대해 진정성 있는 의견을 내고는 있는지 등의 질문을 던져볼 수 있다.

우리가 무언가를 결정하거나 배울 때 우선 자신의 마음을 충분히 이해해야 한다. 왜 그 일을 해야 하는지, 또 다른 일들은 왜 하지 않는지 등에 대해서 말이다.

인생은 '모 아니면 도'가 아니다. 모든 일은 복잡하게 얽혀 있다. 때로는 이기주의자가 되고 때로는 박애주의자가 된다. 우리의 동기 역시 세월을 겪으며 변화한다. 젊을 때 철저히 자기만 알던 사람이 나이가 들면서 드라마틱한 '깨달음'을 얻기도 한다. 선한 일을 하면서 개성과 사람에 대한 마음이 180도 변화한 것이다. 선량하기 그지없던 사람이 세월의 풍파에 치이다가 세상을 증오하는 인물로 변하기도 한다. 어느 게 맞고 어느 게 틀린지 결코 말할 수 없다.

우리는 모두 만들어지고 있는 미완성 작품들이다.

사람은 변하고 성장한다. 스스로 실천하고 발전하기 위한 노력을 거듭하는 것 역시 사람이라면 기본적으로 해야 할 일이다. 지나간 일에 대해 부끄러워할 필요 없다. 지금 눈앞에 놓인 일에 대해 흥미를 갖고 진실하게 나 자신을 마주하면 된다. 마음속의 동기가 무엇인지 분명히 알았다면 삶은 한결 순조로워질 것이다.

당신의 심리 상태는 어떤가?

이번에는 심리 테스트의 공간으로 초대하고자 한다. 마지막에 점수를 받으면 테스트는 끝난다. 그리고 다음 페이지에서 그 점수의 의미를 살펴보자.

심리 테스트

아래의 문제를 보고 직감적으로 해당하는 부분에 체크를 하라. 정확한 답안이 없다면 자신의 속마음을 다시 한 번 자세히 들여다보자.

1. 나는 천부적인 지능과 재능이 있다.

□ 그렇다 □ 그런 것 같다 □ 그렇지 않다

2. 지능의 향상과 저하는 두뇌 활동에 투자하는 시간에 의해 결정된다.

□ 그렇다 □ 그런 것 같다 □ 그렇지 않다

3. 새로운 문물은 배울 수 있지만 천부적인 재능은 변화시킬 수 없다.

□ 그렇다 □ 그런 것 같다 □ 그렇지 않다

4. 새로운 문물을 배우는 과정은 당신의 지능을 향상시킬 수 있다.

□ 그렇다 □ 그런 것 같다 □ 그렇지 않다

5. 천부적인 재능은 선천적인 것이지, 후천적으로 배운 것이 아니다.

□ 그렇다 □ 그런 것 같다 □ 그렇지 않다

6. 오랜 시간 한 가지 기술에 몰두하여 연마한다면 천부적인 재능을 갖춘 사람만큼 할 수 있다.

□ 그렇다 □ 그런 것 같다 □ 그렇지 않다

7. 특정 분야에서 정통할 수 있는 것은 천부적인 능력을 갖췄기 때문이다.

□ 그렇다 □ 그런 것 같다 □ 그렇지 않다

8. 특정 분야에 정통할 수 있는 것은 천부적인 재능과 상관없이 오랜 시간 노력을 기울였기 때문이다.

□ 그렇다 □ 그런 것 같다 □ 그렇지 않다

당신의 점수를 쓰시오.

_____점

계산방식

1번: 그렇다 0점, 그런 것 같다 1점, 그렇지 않다 2점
2번: 그렇다 2점, 그런 것 같다 1점, 그렇지 않다 0점
3번: 그렇다 0점, 그런 것 같다 1점, 그렇지 않다 2점
4번: 그렇다 2점, 그런 것 같다 1점, 그렇지 않다 0점
5번: 그렇다 0점, 그런 것 같다 1점, 그렇지 않다 2점
6번: 그렇다 2점, 그런 것 같다 1점, 그렇지 않다 0점
7번: 그렇다 0점, 그런 것 같다 1점, 그렇지 않다 2점
8번: 그렇다 2점, 그런 것 같다 1점, 그렇지 않다 0점
총 16점으로, 8점보다 높다면 당신은 '발전형 심리 상태'에 가깝고, 8점 이하라면 '답보형 심리 상태'에 가깝다.

스탠퍼드대학교의 교수 캐럴 드웩(Carol S. Dweck)의 암묵적 지능이론(Implicit Theory of Intelligence)에 따르면 인간의 동력은 '지능' 자체에 대한 자신의 편견의 영향을 받아 두 가지의 심리 상태를 형성하고, 사고방식도 완전히 달라진다.[7]

'답보형 심리 상태'인 사람은 자아에 관심을 기울이고 자아 보호 차원에서 도전

을 회피하는 경향을 보인다. 그들은, 소위 특별한 재주(예컨대 지능)들은 천부적인 것인 만큼 쉽게 바꿀 수 없고 이는 성공 여부와 깊은 관련이 있다고 생각한다. 이들 대부분은 과거의 망상에 사로잡혀 '내가 왕년에'라는 표현을 아주 좋아해서 '내가 왕년엔 이랬고, 저랬고'라는 말을 입에 달고 산다.

반대로 '발전형 심리 상태'의 사람들은 학습 자체에 관심을 기울인다. 그들은 '연습'을 통해 새로운 능력을 기를 수 있다고 생각한다. 그래서 열심히 연습하고 용감하게 도전한다. 그들에게 삶은 탐색의 여정이며, 앞서 나갈 수 있는 무한한 기회이다.

생각해보자. 자신이 행복하기 위해 일하는 시간은 얼마나 되며, 또 체면을 구기지 않기 위해 어떤 일(도전을 받아들이거나)을 하는 시간은 얼마나 되는가? 답보형 심리 상태와 발전형 심리 상태는 '정도의 차이'다. 당신도 어떤 일에서는 답보형 심리 상태를 보이지만 또 다른 어떤 일에서는 발전형 심리 상태를 보일 수 있다.

그럼 문제가 생긴다. 어떻게 하면 '발전형 심리 상태'를 기를 수 있을까? 가장 직접적이면서 간단한 방법은 믿고 시도하고 연습하는 것이다. 설령 실패하더라도 그 과정에서 배울 수 있으면 된다.

캐럴 드웩은 리더이든 부모이든 선생님이든 다른 사람에게 시도해보라 격려하고 긍정적인 피드백을 줄 것을 제안한다. 자신을 칭찬하는 방법을 알려면 다른 사람을 칭찬하는 법도 알아야 하기 때문이다. 그럼 무엇을 칭찬할 것인가? 지능이나 재능을 칭찬해선 안 된다. 그의 도전 정신과 학습 과정에서 기울인 노력, 시도와 발전을 칭찬해야 한다. 더불어 '과정이 가장 중요하다'는 사실을 일깨워줘야 한다.

이 이론으로 캐럴 드웩은 한 대학과 협력해 온라인 수학교육 게임을 개발했다. 일반적인 수학 게임은 정답을 모두 맞췄을 때 응원하지만 이 게임은 아이의 참여 과정을 격려한다는 걸로 차별화했다. 결과적으로 일반적인 수학 게임을 한 아이와 달리 이 게임을 한 아이들이 더 많은 노력을 기울였고, 더 진지하게 집중했다. 심지어 어려운 문제가 나왔을 때는 오히려 더 많은 집중력을 발휘했고 포기하는 경우가 드물었다.

동시에 '발전형 심리 상태'의 교육 방법은 더 많은 교육 분야에 활용되고 있다. 미국 내 원주민이 사는 지역이나 아프리카계 미국인들이 사는 지역 아이들의 학습 성적은 장기간 썩 좋지 못했다. 그래서 많은 사람이 이 상황을 바꾸긴 어려울 것이라고 보았다. 하지만 신기하게도 이 방법을 쓴 결과 정말 변화가 나타났다.

미국의 변두리 지역의 초등학교에서는 '발전형 심리 상태'를 이용해 교육한다. 1년 내 해당 학교 학생들의 전국 시험의 평균이 상위 5%에 달했다. 더 놀라운 것은 이 학교 아이들 중 이제 막 학교에 온 아이도 있었고, 연필 쥐는 법조차도 모르는 아이도 있었다는 사실이다.

우리는 이 이론이 실제로 증명되었음을 확인했을 뿐만 아니라 훈련의 효과도 본 것이다. 이러한 예시는 하나가 둘이 되고 또 셋이 되었다. 우리의 심리 상태는 변화시킬 수 있고, 능력도 갖춰갈 수 있는 것이다.

01장에서 05장까지를 통해 우리는 심리 상태가 비관적일 수도, 낙관적일 수도 있다는 사실을 알았다. 또한 답보형일 수도, 성장형일 수도 있다. 이는 모두 자신의 선택에 달린 것이다. 앞으로 일상 속 자신을 더 많이 관찰하고 무언가 결정해야 할 때면 그 배후의 동기가 무엇인지 고민해보자. 그리고 수시로 자문하자. 왜 이렇게 하는 것인지? 그렇게 많은 고민을 거듭한다면 자신을 좀 더 깊이 이해할 수 있을 것이다.

이해하고 받아들이자. 그것이 바로 변화의 시작이다.

더 많은 것을 알고 싶은가?

QR코드를 스캔하면 캐럴 드웩의 '자신이 발전할 수 있다는 믿음의 힘'이라는 TED 강연을 볼 수 있다.

http://bit.ly/caroldwecktedtalk

Step
2

잠재의식 속
시나리오

'인생은 연극 같다'고 한다.
화자로 무대에 섰다면 어떻게 해야 자신이 출연한 인생 시나리오를
아름답고 다채로운 이야기로 풀어갈 수 있을까?
더 나아가 그 스토리로 주변을 밝힐 수 있을까?
10년씩이나 공들일 필요는 없다.
심리학적 지식과 약간의 노하우만 있다면 당신의 무대는 아주 훌륭해질 테니까.
준비되었는가?
Cameras ready, prepare to flash!

06
인생은 각본이다

적극적으로 미래를 향해 나아갈 때 과거는 짐일까? 미래라는 로켓이 대기층을 뚫고 나가는 데 과거의 경험은 중요한 연료 역할을 한다. 그런 과거를 돌아보기 위해 이번엔 '스토리텔링' 연습을 하려고 한다.

모두 학창 시절을 기억하고 있을 것이다. 배움은 그저 일부일 뿐 내 부분의 시간은 연애와 같은 다른 방면에 할애했던 시절이다.

나 역시 예외가 아니었다. 나는 당시 같은 기숙사에 있던 한 여학생을 무척 좋아했다. 하지만 우린 단순한 친구 사이였다. '친구'라는 말이 듣기에 좀 더 편하겠지만 더 솔직히 말하자면 난 마치 '로봇' 같았다.

남자라면 그런 '로봇'이 아닌 쿨한 모습으로만 보이고 싶을 것이다. 나는 이도 저도 아닌 상황에 처했고 결국 명성이 자자한 심리학과 교수님께 달려가 도움을 청했다. 다행히 교수님은 흔쾌히 내 부탁을 들어주셨다.

기숙사 식당에서 교수님과 나는 그 여학생의 동정을 살폈다. 그 여학생을 본 후 교수님은 내게 묘한 표정을 지으며 말씀하셨다.

"알겠군."

나는 조급한 마음에 교수님께 여쭤보았다.

"뭘 아시겠다는 거예요?"

"저 학생은 자네에게 호감이 있군. 그런데 자네가 너무 예의를 차리는 것 같아. 의미 없는 이야기만 나누지 않았는가. 자네가 저 학생과 편한 사이라면 직접 이야기해보는 게 좋을 것 같은데."

"저를 좋아하냐고 물어보란 말씀이세요?"

"그건 아니고! 문제는 저 학생이지, 자네가 아니야! 저 학생은 마음이 통하는 상대를 원하고 있어. 그런데 자네는 늘 쓸데없는 말만 늘어놓으니 관계 변화가 없지!"

교수님은 갑자기 말씀을 멈추셨다. 마치 대단한 결단이라도 내리신 듯 보였다.

"좋아. 내가 한 수 알려주지. 이렇게 하면 술술 풀려나갈 거야. 그 대신 내 히든카드이니 누구한테도 발설해선 안 되네!"

"그럼요! 제가 어떻게 하면 될까요? 어려운 일인가요?"

교수님은 내게 가까이 와서는 나직이 말씀하셨다.

"우선 카페에서 약속을 잡게. 반드시 둘이서만 만나야 해. 평소와 다름없이 이야기를 나누다가 어느 정도 시간이 지나면 얼굴색을 바꾸고 단도직입적으로 말하는 걸세. '나는 네가 왜 이러는지 알 수가 없어!'라고. 그럼 저 학생이 이렇게 물을 걸세. '내가 뭘?' 그럼 자네는 이렇게 말하게. '어째서 계속 같은 실수를 하는 거야?' 만약 저 학생이 다시 물으면 이렇게 대답하게. '내가 무슨 말 하는지 알잖아' 하라고."

나는 얼떨떨한 표정으로 말했다.

"그렇게 하라고요?"

"그렇게 하면 문제없어! 단, 한 마디라도 더 보태서는 안 되네!"

나는 교수님이 알려주신 대로 그 여학생과 약속을 잡았다. 사실 미심쩍었지만 그래도 얼굴에 철판을 깔고 이야기를 시작했다. 어느 정도 이야기가 마무리될 무렵, 나는 여학생에게 단도직입적으로 말했다.

"나는 네가 왜 이러는지 알 수가 없어!"

여학생은 당황스럽다는 표정으로 말했다.

"내가 뭘?"

"어째서 계속 같은 실수를 하는 거야?"

"무슨 실수?"

"내가 무슨 말을 하는지 알잖아."

그 순간 분위기가 얼어붙는 듯했다. 잠시 멍하니 앉아 있던 여학생의 눈이 동그래졌다. 마치 귀신이라도 본 듯 말이다. 그러고는 생각지도 못한 일이 벌어졌다. 여학생이 말했다.

"그럼 분명히 할까……."

세상에! 교수님이 알려주신 대사는 이제 더는 없단 말이다! 나는 마음 가는 대로 솔직하게 답했다.

"널 즐겁게 해줄 수 있다면 분명한 거지, 뭐!"

그녀의 눈가가 촉촉해졌다. 그리고 천천히 말했다.

"정말 재밌다. 고마워. 그 말이 정말 듣고 싶었어."

믿어지는가? 그렇게 되어버렸다. 그날 저녁 우리는 오래 이야기를 나눴다. 나를 보는 여학생의 눈빛은 달라져 있었다. 그리고 얼마 후 그 여학생은 내 여자 친구가 되었다.

교수님은 정말 신이었다! 이후 난 교수님께 '사은회'를 열어드린 자리에서 궁금함을 참지 못하고 끝내 여쭤봤다.

"어떻게 아셨어요?"

교수님은 말씀하셨다.

"사실, 나도 몰랐지! 하지만 거의 모든 사람은 누구나 같은 실수를 반복한다네. 심리학에서 그렇게 알려주지 않았던가?"

교수님의 말씀이 옳았다. 정말 사이다 같은 말씀이었다. 교수님이 연애계의 대부가 되신다면 분명 수많은 신도가 따를 것이다.

'당신은 왜 늘 같은 실수를 하는가?'라는 이 구절에 많은 사람이 찔릴 것이다. 왜일까? 과거의 경험은 지금의 우리를 만들었고. 이런 경험들이 모여 마음속의 각본을 썼기 때문이다. 그러다 보니 우리의 잠재의식은 자주성을 잃고 이 각본을 인정하고 심지어 반복한다. 그래서 자신도 모르게 같은 결정을 하고, 같은 실수를 저지르면서 다람쥐 쳇바퀴 돌듯 순환적 인과의 고리를 만든다.

이것은 결코 정신분석학자들의 탁상공론이 아니다. 수많은 심리학자가 같은 관찰을 통해 얻은 결과물이다.

'애착이론(Attachment Theory)'을 예로 들어 살펴보면 부모의 친근한 감정은 자녀들의 안정감에 영향을 미친다. 그래서 사랑과 안정감이 결핍된 환경에서 자란 아이들은 성인이 된 후 연인관계에서 애착에 대한 염려 증세를 쉽게 드러낸다. 즉, 과거의 결핍에 대한 우려가 반복되는 것이다.

어릴 적 가정환경은 우리 평생에 영향을 미친다. 나이가 들어갈수록 이런 말을 자주 듣게 된다.

"어쩜 그렇게 네 엄마와 닮아가니?"

인정하고 싶지 않지만, 마음속으로도 인정하는 바일 것이다.

그렇다면 이런 반복의 고리를 끊어낼 방법은 없을까? 물론 몇 년간 정신과 전문의의 치료를 받으며 차근차근 마음속 실타래를 풀다 보면 과거의 관계가 당신에게 어떤 영향을 미치고 있는지 알 수 있다. 그런데 그럴 시간이 있긴 한가?

나는 지금 자신의 모습을 유심히 관찰하기만 한다면 과거에 정해진 각본이 오히려 이성적 판단에 도움을 줄 거라 생각한다. 자신이 어디서 왔는지를 안다면 어디로 가야 할지 더 쉽게 알 수 있지 않을까? 자신의 인생 이야기를 다시 서술하고 정의하는 과정을 통해 과거의 실수가 반복되고 있음을 인식한다면 그 고리를 끊어내고 더 아름다운 미래를 만들 수 있다.

여기서는 '이야기 치료(Narrative Therapy)' 개념을 참고했다. 잠깐이라도 짬을 내어 과거의 경험을 돌아보길 바란다. 그럼 나는 당신이 이러한 경험들을 재구상하고 한층 더 깊이 자신을 이해하도록 도울 생각이다. 과거를 통해 당신이 더욱 올바른 미래를 써 내려갈 수 있도록 말이다.

당신의 이야기가 바로 변화의 힘이다.

다윗상이 위대한 이유

얼마 전 나는 이탈리아 피렌체의 우피치 미술관에서 세계적으로 유명한 다윗상을 보았다. 사람들은 첫눈에 세계적인 걸작임을 알아볼 수 있다고 하지만 나는 그런 특별함은 느끼지 못했다. 다만 흘깃 바라보는데 게시판 문구가 내 이목을 사로잡았다.

모두 구약성서에 나오는 '다윗과 골리앗'의 이야기를 알고 있을 것이다. 팔레스타인에서 거인 전사 골리앗을 이스라엘에 보내자, 이스라엘 사람들 모두 아연실색했지만 유일하게 소년 다윗만이 골리앗에게 대항했다. 모두가 다윗을 말렸지만, 다윗은 경건한 마음으로 전장에 나갔다. 손에는 오직 돌 다섯 개와 가죽띠가 전부였다. 다윗이 가죽띠로 던진 돌은 골리앗의 이마에 명중했고 골리앗은 이내 고꾸라졌다. 다윗은 골리앗의 목을 베고 힘껏 승리를 외쳤다.

이 이야기는 피렌체 사람들에게 유난히 많은 사랑을 받았고 르네상스 시대의 예술가들이 가장 선호하는 주제가 되었다. 회화나 조각뿐 아니라 많은 대문호가 다윗을 소재로 창작했다. 하지만 그들이 만든 작품 속의 다윗은 거인의 몸뚱이를 밟고 머리를 높이 든 채 환호하는 승리의 장면이 대부분이다.

그런데 미켈란젤로는 다른 시선에서 다윗을 그려냈다. 미켈란젤로가 조각한 것은 승리한 다윗이 아니라, 곧 전장에 올라 거인과 대면할 다윗의 모습이었다. 다윗은 그곳에 서서 모든 힘을 오른쪽 허리와 다리에 싣고 좌측 하반신은 자연스레 반대 방향으로 펴고 있다. 조각의 중심축은 우아하고 아름다운 S라인이 되었다. 몸은 보기에 편안해 보이지만 돌을 쥔 손의 핏줄은 터질 듯하다. 다윗의 얼굴을 자세히 살펴보면 그 눈빛에서 결연한 의지와 함께 불확실한 상황에 대한 근심도 엿보인다. 이는 '승리한 과거'가 아니라 '운명을 결정하는 찰나'인 것이다.

이처럼 긴장감과 편안함이 교차하는 미켈란젤로의 다윗상은 수백 년이 지난 오늘날까지도 최고의 걸작으로 손꼽히고 있다.

미켈란젤로의 다윗은 결전을 앞둔 상황을 조각했다. 이야기가 절정에 치닫는 순간이자, 가장 불확실한 찰나이다.

이번 장의 연습에서는 당신의 인생에서 가장 쫄깃했던 순간을 적어보고자 한다. '전환점인 지금'이 어쩌면 당신 인생의 갈림길일지도 모른다. 결정하기에 앞서, 아마도 당신 생명 중 가장 큰 충격 혹은 승리의 바로 직전일지도 모른다. 이는 어떤 이유 때문에 벌어졌고, 또 어떤 중요한 순간으로 이끌었는가? 당신은 지금 어디에 있고 마음속에는 어떤 생각이 드는가? 곰곰이 생각하고 적어보자. 이는 분명 아주 훌륭한 이야기가 될 것이다.

인생의 전환점인 지금

SETTING(상황)

인생에서 가장 어려운 결정은 무엇이었는가? 당시의 상황과 심정을 적어보자.

STRUGGLE(몸부림)

이 결정이 어렵게 느껴진 이유는 무엇인가? 다른 선택 항목에 대해 어떻게 생각하는가?

DECISION(결정)
결국 무슨 이유로 결심을 하였는가?

OUTCOME(결과)
이런 결심을 한 이후 무슨 일이 일어났는가? 당신의 느낌은 어땠는가?

07
당신의 이야기를 들려줘라

"그럼 자기소개를 해주시기 바랍니다" 하는 말을 들으면 누구든 긴장하고 심지어 무슨 말을 해야 할지 몰라 당황하기도 한다. 이번 장을 읽은 후로는 더이상 당신 자신을 이야기하는 걸 두려워하지 말고, 사람들의 시선을 모아 '당신의 이야기를 기억하도록' 만들 수 있길 바란다. 그럼 자신의 이야기를 전하는 법을 연습해보자!

얼마 전 친구의 모임에 함께 참석했다. 모임에 가보니 대부분 서로 잘 모르는 눈치였다. 모임의 호스트가 한 사람씩 자기소개를 부탁했다. 당신도 어떻게 해야 할지 대충 예상하고 있을 것이다. 첫 번째 사람이 아주 점잖고 격식 있게 자신을 소개했다. 다음 사람도, 그다음 사람도 같은 형식으로 반복했다.

"저는 류쉬안(劉軒)입니다. 류베이(劉備) 할 때의 류(劉)이고, 처(車)와 간(幹)이 만난 쉬안(軒)입니다. 저는 어디서 일하고, 어디서 태어났으며 무엇을 좋아합니다……."

내 다음 사람도 이 순서 그대로 소개를 했다. 결국 같은 형식으로 한 바퀴를 돌고 나니 잠이 쏟아질 지경이었다.

아이고야! 이렇게 무료하기 짝이 없을 수가!

솔직히 말해서 기억에 남은 사람은 한 명도 없다. 왜 모임에서의 자기소개는 늘 이렇게 무료할까? 그들이 말한 무엇 하나 기억나지 않는 이유는 무엇인가? 그건 아주 핵심적인 요소가 빠졌기 때문이다. 그 요소는 다름 아닌 이야기다.

우리는 이야기를 좋아한다. 이야기를 전할 줄 아는 사람도, 쓰는 사람도 우리 사회에서 중요한 사람들이다. 바로 감독이나 작가가 그렇다.

이야기의 힘은 왜 이렇게 거대할까? 그 과학적 근거는 뇌신경과학 연구자들의 연구에 있다. 우리의 대뇌는 '한 가지 메시지'를 들을 때와 '한 가지 이야기'를 들을 때 확연히 다른 운용 모드가 작동한다. 메시지를 들을 때는 이 메시지를 성장기 기억으로 조식하고 명확한 맥락이 없어 무료하고 인상적이지 않다고 여긴다. 바로 너무 단편화되기 때문이다.

반면, 이야기를 들으면 뇌는 자연스레 서사 모드로 전환되면서 이야기 속에 빠져들어 자신이 마치 주인공이 된 듯 공감하며 이야기의 여정을 함께한다. 재미까지 더해진 이야기라면 더 강한 공감을 불러일으키며 화자와 함께 높은 산에 오르기도 하고 나락으로 떨어지기도 하며, 심지어 '그'가 느끼는 바를 함께 느끼기도 한다. 이야기가 끝나고 나면 이야기의 주인공이 기억 속에 깊이 각인된다. 처음 친구를 사귀든 새로운 장소에 가든 '그' 혹은 '그곳'에 얽힌 이야기를 듣게 된다면 좀 더 쉽게 이해할 수 있는 이치다.

당신은 어쩌면 큰 소리로 외칠지 모른다.

"난 말재주가 없어요!"

심지어 이렇게까지 말할지도 모르겠다.

"난 정말이지 재미없는 사람이에요. 들려줄 만한 이야기도 없고요!"

그렇지 않다! 살아만 있다면 그 누구라도 잘할 수 있는 이야기가 있게 마련이다. 나를 믿어라. 모든 사람에게는 자신에 관한 최소한 세 가지 이상의 이야깃거리가 있다.

06장의 '인생의 전환점인 지금'이라는 Action Practice에 쓸 괜찮은 이야기가 떠오르지 않았는가? 당신이 친구와 함께 공유하고, 들려주고 싶은 이야기라면 분명 흥미로울 것이다. 내가 보장하겠다.

흥미롭고 재밌는 이야기가 되려면 우선 주인공이 왜 이런 결정을 했는지를 청중에게 이해시켜야 한다. 청중은 묘사된 줄거리를 통해 결정 동기를 알 수 있고, 한 걸음 더 나아가 화자를 이해할 수 있다.

앞서 말한 제목을 '나는 가장 쉬운 결정을 했다'로 한다면 썩 흥미로워 보이지 않을 것이다! 흥미 있는 이야기가 되려면 우리 인생처럼 불확실성 속에서 갈등과 도전을 이겨내기 위해 고군분투하는 모습이 담겨야 한다.

다음에 이야기를 듣게 된다면 화자가 전달하고자 하는 동기가 과연 무엇인지, 이 이야기를 통해 화자의 어떤 점을 알 수 있었는지에 초점을 맞춰야 한다. 당신이 화자가 되었다면 당시의 느낌과 해결하기 위한 노력 그리고 어떤 선택을 했는지에 대한 비중을 늘려라. 당신의 이야기는 더욱 흥미로워질 것이다.

자신의 이야기를 끌어내라

두 가지 이야기를 적어보자. 길 필요는 없지만, 반드시 마음속 깊은 곳에서 끌어낸 이야기여야 한다.

첫 번째 이야기는 '내 생애 가장 찬란했던 순간'이다. 왜 찬란한 순간이라 생각했는가? 이야기 속 당신은 무엇을 했는가?

어쩌면 어렵게 느껴질 수도 있다. 누군가는 이렇게 말할 것이다.

"난 지극히 평범하게 살아와서 찬란했던 순간이 없어요."

최선을 다해 생각해보자. 정말 생각이 나지 않는다면 한번 자문해보자.

"무슨 일을 할 때 나 자신이 꽤 괜찮은 사람처럼 느껴졌는가?"

나머지 한 가지는 '가장 의미 있었던 좌절'에 대한 이야기다.

무슨 일이 있었고, 그런 어려움을 겪었던 이유와 가장 큰 의미를 두는 이유는 무엇인지, 또 당시 그 일이 의미 있다고 바로 느꼈는지 아니면 시간이 지난 후 차차 알게 되었는지에 대해 적어보자.

'개인의 이야기'가 가치 있는 이유는 주인공이 내린 결정에 대한 이유와 당시의 심정, 그리고 결과를 알 수 있기 때문임을 명심해야 한다.

이야기는 바로 인생을 사는 지혜의 결정체이다.

이야기 1: 가장 찬란했던 순간

찬란한 순간을 맞이했을 당시, 이를 위해 어떤 결정을 내렸는가?
어떤 결과를 맞이했는가?
가장 기억에 남는 장면은 무엇인가?

이야기 2: 가장 의미 있는 좌절

비록 실패를 돌아보는 일이 좋지 않겠지만, 그래도 좌절의 원인들을 생각해볼 수 있다.

당시의 심정은 어땠는가?

가장 기억에 남는 장면은 무엇인가?

가장 의미 있는 좌절의 순간

때는 미국 9월 11일로 돌아간다. 뉴욕의 쌍둥이 빌딩이 무너지며 먼지로 뒤덮인 그날 이후 미국은 완전히 다른 길을 걷게 되었고 나의 마음에도 검은 그림자가 드리웠다. 원래 내 계획은 뉴욕의 출판사에서 일하고 콜롬비아신문학원에서 출판 관련 공부를 더 하는 것이었다. 그런데 미국 경제가 침체되고 보이지 않는 터널 속으로 들어가면서 거의 모든 회사가 인력 충원을 포기했다. 내 인생이 한순간 엉망이 된 듯했다. 내겐 변화가 필요했다. 하지만 뭘 어떻게 바꿔야 한단 말인가.

2002년 초 두 손에 캐리어를 끌고 타이베이시의 옌지가(街)에 위치한 작은 방에 세를 얻었다. 가구라고는 한구석에 놓인 침대와 형광등 하나가 전부였다. 그해 겨울은 유난히도 추웠다. 건물의 아래층에는 마라탕을 파는 식당이 있었는데 방까지 전해지는 마라탕 냄새가 매번 내 식욕을 자극했다. 아래로 내려가 식당 안을 살펴보니 둥근 테이블마다 둘러앉아 식사하는 손님이 가득했다. 나만 외톨이였다.

나는 길모퉁이에 있는 편의점에 가서 컵라면을 사 들고 돌아왔다. 그제야 방에 뜨거운 물을 끓일 주전자조차 없음을 깨달았다. 나는 다시 욕실의 물을 가장 뜨겁게 틀어 컵라면에 붓고 젓가락으로 휘저었다.

나는 방구석에 앉아 과자와 다름없는 라면을 먹으며 짙은 마라탕 냄새를 맡았다. 그리 밝지 않은 형광등을 보니 갑자기 인생이 참 허무하다는 생각이 밀려왔다. 그 당시 나는 나 자신에게 말했다. "Here it is! 네가 원하던 바 아니었어? 오랜 시간이 지나면 이 순간을 기억할 거야. 이게 바로 네 선택이었으니까!"

그때가 바로 가장 의미 있는 좌절의 순간이었다.

08

건강한 심리 시간관

세상에서 가장 공평한 자원은 다름 아닌 시간이다. 그러나 시간에 대한 관점은 제각각이다. 과거를 돌아보든, 지금 현재를 살든, 미래를 바라보든, 어떻게 해야만 시간에 구애받지 않고 과거의 생명을 미래의 양분으로 만들 수 있을까?

최근 몇 년간 성공과 실패를 거듭하는 많은 이의 모습을 지켜보면서 그들에게 가장 힘든 상황이 '화려한 과거'라는 걸 새삼 느꼈다.

화려했던 시절에는 누가 알아볼까 봐 두려워하지만, 인기가 시들해지고 나면 아무도 못 알아볼까 봐 두려워한다. 과거 당신의 얼굴은 VIP 통행증이나 진배없었다. 지금은 문을 지키고 선 보안요원에게 이렇게 말해야 한다.

"내가 누군지 몰라요?"

상대방은 아마 이렇게 되물을 것이다.

"누군지 정말 모르겠습니다만…… 누구시죠?"

정말 쥐구멍이라도 찾고 싶어질 것이다.

이런 고통은 한물간 스타들에게만 찾아오는 게 아니다. 평범한 사람들도 과거의 기억에 사로잡혀 자신이 꽤 예뻤고, 능력 있었다고 생각하며 살아간다. 그 과거가 설사 사실이고 지금의 생활이 예전만 못할지라도 과연 그런 마음가짐으로 지금을 기쁘게 살 수 있을 것 같은가?

어떤 사람들은 과거에 겪었던 굴욕에 집착하며 산다. 누가 그를 농락했는지, 잘못했는지, 어떤 잘못된 결정을 했는지 등등……. 이미 많이 좋아졌음에도 마음속으로는 여전히 과거에 목맨 채 그 기억들만 되새기는 것이다.

스탠퍼드대학교의 필립 짐바르도(Philip Zimbardo)는 존 보이드(John Boyd)와의 공저《나는 왜 시간에 쫓기는가(The Time Paradox: The new psychology of time that will change your life)》에서 '시간조망(Time Perspective)이론'을 제시했다. 짐바르도는 사람의 시간관념이 매일 이뤄지는 결정, 판단, 행동에 영향을 미친다고 주장하며 이를 다섯 가지 유형으로 분류했다.

1. 과거 부정적(Past Negative) 시간관

이 유형의 사람들은 부정적인 시선으로 생명을 대한다. 과거는 재앙이라고 생각한다. 왜냐하면 과거의 실수가 훗날의 한을 가져왔다고 믿기 때문이다. 그래서 쉽게 우울해지고, 근심스러우며, 자신감이 결핍된 채 자기 제어가 쉽지 않다.

2. 과거 긍정적(Past Positive) 시간관

이들은 과거에 젖어 늘 그때의 행복했던 나날들을 떠올린다. 과거의 슬픔에 집착하는 사람들에 비해 상대적으로 비교적 활발하고 우호적이며 긍정적이다. 그러나 과거에만 심취한 나머지 현재에 불만을 느낄 소지가 있다.

3. 현재 쾌락적(Present-Hedonistic) 시간관

이런 유형은 지금의 쾌락에 빠져 일상에서 즐거울 만한 일들을 찾는다. 그들은 현재를 살며 매우 활력이 넘친다. 하지만 충동을 억제하지 못하다 보니 매사 작심삼일로 끝나는 경우가 많다. 가장 안타까운 것은 현재의 쾌락만 생각한 나머지 훗날을 고려하지 않는 것이다.

4. 현재 숙명론적(Present-Fatalistic) 시간관

이 유형은 습관적 무기력을 겪을 가능성이 농후하다. 현재의 어려운 처지 속에서 되는 일이 없다고 여기고 쉽게 걱정하고 우울해한다. 충동적으로 일을 저지르는 경향이 있다.

5. 미래 지향적(Future Oriented) 시간관

이런 유형은 내일을 생각한다. 따라서 계획 짜기를 좋아하고 야심이 있으며 목표의식이 뚜렷하다. 듣기에는 최고의 심리 상태인 듯하지만, 지나치게 미래에만 관심을 두다 보니 현재를 즐기지 못한다. 심지어 주변의 친구에게조차 차갑게 대하며 자기 자신에게 과중한 스트레스를 안겨준다.

당신은 어느 유형에 속하는가?

우리의 뇌는 시공간을 초월한다. 과거의 기억과 현재의 경험 또 미래에 대한 기대를 활용하여 판단하고 생각한다. 혹자는 말한다. 우울은 과거에 대한 지나친 집착 때문이고, 걱정은 미래에 대한 집착 때문이라고! 정말 일리 있는 말이다. 어느 시공간이든 지나친 집착은 좋지 않다. 우리의 뇌는 유연한 기기와 같다. 유연성을 유지해야만 적절하게 조절하며 대응해갈 수 있다.

다섯 가지 유형의 시간관을 알았다면 이제 모드 전환 연습으로 시간관의 유연성을 향상시키자.

예컨대 잘못된 결정을 했다면 후회의 고통 속에 허우적대기보다는 미래의 가능성에 주안점을 두어야만 후회스런 감정을 향후 계획의 동력으로 탈바꿈시킬 수 있다. 삶이 무료하다면 현재를 즐길 줄 아는 친구를 찾아 주변의 즐거움을 만끽하는 법을 배워보는 것도 좋겠다.

위와 같은 시간관에 기초하여 짐바르도는 말했다.

"우리에게 필요한 것은 미래를 볼 줄 아는 두 눈으로 자신의 시간을 통해 지금에 주목하고 즐길 수 있는 일을 찾아 과거의 경험으로부터 긍정적인 동력을 찾는 것이다."

미래 지향적인 마인드로 현재를 즐기며 과거의 삶에서 긍정의 힘을 찾는 것, 이것이 바로 '건강한 심리 시간관'이다.

오랜 이야기에
생명을 불어넣다

'개인의 이야기'는 이미 일어난 일인 경우가 있다. 일어난 일이라면 좋든 나쁘든 '과거'의 서랍 속에 봉인되어 있을 수밖에 없다. 그런데 그 일은 선택의 여지가 없었는가? 과거의 이야기로부터 미래를 보는 눈을 얻고 현재를 즐길 줄 알면 그걸로 된 것이다. 과거의 경험에서 에너지를 얻을 수 있는데, 그 에너지마저도 긍정의 에너지가 될 수 있다. 자, 이제 어떻게 해야 할까?

여기 방법이 있다!

당신은 다음 문제에 답만 하면 된다.

'당신은 배운 내용을 활용해 미래에 다른 사람을 어떻게 돕겠습니까?'

여기까지 이야기했다면 당신은 바로 이해할 것이다. 이번 수업은 당신이 쓴 후대조 작업을 통해 '과거'를 '미래'로 바꾸는 것이다. 그럼 더욱 긍정적인 시선으로 과거의 경험을 대할 수 있다. 이렇게 당신의 과거 이야기가 부활하는 것이다.

앞서 연습하며 적었던 두 가지 이야기에 한 단락씩을 더해 이 문제에 답해보자.

'어떻게 이 이야기로 나 자신에게 교훈 / 에너지 / 지혜를 전해 현재와 미래의 친구들을 돕겠습니까?'

이런 연습은 사실 쉽지 않다. 하지만 만약 이 문제에 대해 어렵지 않게 답할 수 있다면 당신에게 매우 강력한 인생의 의미를 안겨줄 것이다. 꼭 시도해보라!

과거 돌아보기

연습 1. 찬란한 시기의 도움
과거 가장 찬란했던 순간을 어떻게 활용하여 주변의 친구를 돕겠는가?

연습 2. 좌절 경험의 격려
가장 절망했던 경험을 어떻게 활용하여 지금 곁에 있는 사람을 응원하겠는가?

좌절 경험 이후

07장에서 마라탕 향기가 가득한 방의 젊은 '류쉬안'은 가련한가?
이게 바로 당신이다. 바로 류쉬안의 선택이다.

마음은 변한다. 기존의 '가련했던 자아'부터 끄집어내자면 나는 대
만 사람들과 만원 버스를 탔던 이야기부터 해야 한다. 사람이 붐
빌수록 더 시원했다. 미래에 여러분도 이런 날을 경험할지 모른
다. 방구석에 쪼그리고 앉아 흔들리는 형광등을 보며 실의를 느
끼는 날 말이다. 하지만 인생은 바로 이 순간부터 다시 시작한다.
말이 나온 김에 우스갯소리를 하나 해보자. 나는 결혼한 뒤 사랑
스런 두 딸을 얻었다. 종종 친구들과 모임을 갖는데 한 친구가 웃
으며 말했다.

"류쉬안, 넌 빈 라덴한테 감사해야 해."

나의 당황스런 표정을 보고 친구는 분석도 더해줬다. 911테러가
없었다면 내가 대만에 돌아오지 않았을 테고 그럼 지금의 부인도,
토끼 같은 두 딸도 만나지 못했을 거라나.

좌절은 얽히고설켜 만들어진 일일 수 있다. 하지만 다른 시선으로
본다면 오히려 좋은 일일지도 모른다. 대만으로 돌아와서 마라탕
향기가 가득한 작은 방에 살았지만 지금 돌이켜보니 그렇게 향기
로운 기억이 아닐 수 없다.

09

일상에서 새롭게 시작하라

행복이 두려운가? 우리가 두려워하는 건 사실 행복 자체가 아니다. 행복이 사라지는 것이다. 알 수 없는 인생은 분에 넘치는 행복으로 가득하다가도 어느 순간 불행에 표류한다. 그래서 우리는 다시 '리셋' 할 필요가 있다. 지금 인생의 바닥을 찍고 있다 할지라도 여러 해가 지난 뒤에는 잠자리가 잠시 물가에 앉았다 간 듯 조금의 흔적도 없이 잊힐 것이다.

최근 '행복이 두렵다'라는 재밌는 노래를 들었다.

'행복이 두렵다. 어느 날 갑자기 행복이 사라지고 모든 것을 잃게 될까 봐 두려운 마음이다.'

문득 '행복이 두렵다'와 관련된 가사들이 궁금하여 인터넷을 뒤졌다. 역시나 많았다. '잠시 머물다 갈 행복이라 두려운가요', '순간뿐인 행복은 모두가 두렵고, 세월은 조용히 흘러가네요' 등과 같은 노랫말

이 수두룩했다.

　사람들은 정말로 '지나친 행복'을 두려워하고 있었다. 그런데 행복이란 모두가 추구하는 게 아니었던가? 어째서 행복해지면 금세 행복을 두려워하게 될까?

　행복이란 '지금에 만족하는가'를 의미한다. 이런 만족을 얻기 위해서는 내일도 여전히 행복할 것이라는 전제가 필요하다. 당신이 가장 사랑하는 사람과 여유로운 시간을 보내고 싶은데 모레쯤 태풍이 몰아치거나 전쟁이 터진다고 한다면 당신은 여전히 행복할까?

　결코 그럴 수 없을 것이다!

　세계적으로 유명한 히치콕(Hitchcock) 감독은, 행복의 근본은 '쾌청한 지평선'이라고 했다. 그는 '당신 앞의 플레이트를 걱정할 필요 없다. 그저 창조하기만 한다면 녹슬지 않을 테니까!'라고 말했다.

　과연 명불허전이다! 당신의 '플레이트' 위에 군이 쓸데없이 많은 근심거리를 올려놓지 마라. 그럼 행복은 자연스레 올 것이다. 이런 명쾌한 느낌은 어렵지 않게 이해할 수 있다.

　당신이 발리에서 휴가를 즐기고 있다고 생각해보자. 휴가 첫날 발리에 발을 내딛는 순간, 꺅 소리를 지를 만큼의 행복이 밀려올 것이다. 그리고 여행의 끝자락이 다가오면 어김없이 지는 노을 아래서 깊은 아쉬움에 몸부림칠 것이다.

　많은 사람이 자신의 생활을 얘기할라치면 '예전에는'을 맨 먼저 꺼낸다. 예전에는 돈이 많았고, 예전에는 굉장한 유명인사였으며, 예전에는 행복한 결혼생활을 했었다고 말이다. 그러고는 그 뒤에 '그런데'

를 덧붙인다. 행복한 시절은 가버렸고 자신의 인생은 하루하루 내리막 길을 걷고 있다고 느끼는 것이다. 이젠 더 이상 행복을 추구하며 살 수 없는 걸까?

그간 살아온 시간을 되돌아보면 자신이 바보처럼 여겨졌던 일도 지금은 그리 심각한 일이 아닌 경우도 많다. 또 그 일로 새로운 길이 열린 경우도 있고 말이다.

어찌 되었든 우리는 지금껏 잘 살아오지 않았던가.

영화 시나리오의 '스토리라인'은 매우 중요하다.

스토리라인이란 극이 발전하는 과정에서의 연결과 전환을 말하는데, 다수의 영화가 '해설, 갈등, 해결'이라는 '3막 구조(Three Act Structure)'로 이뤄진다.

해설(Exposition) 단계에서는 영화의 주인공이 누구인지, 시공간적 배경은 무엇인지, 곧 등장할 갈등은 또 무엇인지 알려준다. 그다음 단계는 '갈등(Conflict)'이다. 주인공이 모험을 하거나 등장인물 간에 암투가 벌어지기도 한다. 극이 전개되면 긴장감이 높아진다. 마지막은 '해결(Resolution)' 단계다. 원만한 해피엔딩이든 비극적인 새드엔딩이든 혹은 주인공이 성공하든 실패하든 관객들의 심장을 쫄깃하게 만든다.

대다수의 작품이 이런 '3막 구조'를 활용하는 만큼 관객인 우리는 3막 구조의 설정을 기꺼이 받아들이고, 스토리 말미에 나타나는 절정과 갈등의 해결이라는 수순에 이미 적응돼 있다. 문제는 인생 스토리는 영화처럼 금세 호전되지 않는다는 점이다.

지금 이 순간 당신의 인생은 최고점인가 최저점인가? 우리 모두는 인생의 마지막까지 가야 하는데 지금이 마침 최고점이라고 추측해보자. 우리는 지극히 평범한 사람들이다. 미래를 예측할 수 없고 우리 인생의 3막 중 어디쯤 와 있는지도 도무지 알 수가 없다.

그렇다 보니 근심하지 않을 수가 없다.

'지금의 행복이 내 인생 최고의 순간인가? 이제 내려갈 일만 남은 걸까?'

'나는 평생 이렇게 살아야 하나? 특별할 것도 재미도 없이 평범하기 그지없이 살다 가고 자막이 올라가고 그렇게 끝나버릴 인생인 건가?'

이 역시 우리가 행복을 두려워하는 이유다! 행복이 과연 얼마나 갈지, 앞으로 더 나아질 가능성은 있는 건지 알 수가 없다. 그래서 우리는 행복이 시작됨과 동시에 괜한 걱정으로 맑은 하늘에 먹구름을 드리운다.

사실 이렇게도 생각해볼 수 있다. 지금이 바로 앞 이야기의 엔딩이고, 다시 새로운 이야기가 시작된다고 말이다.

졸업식이라는 의미를 가진 영단어 'commencement'의 또 다른 사전적 의미는 완전히 다른 뜻인 '새로운 시작'이다.

나는 줄곧 이 단어가 참으로 훌륭하다고 생각해왔다. 졸업식이란 사실 아주 작은 결말일 뿐이다. 동시에 다음 인생의 서막이 열리지 않는가. 이것이 바로 우리 인생 이야기가 아니겠는가?

우리는 늘 변함없이 행복하기를 바란다. 그런데 행복이란 변화가 있어야만 유지될 수 있다. 생각해보라. 세상에서 가장 무료한 이야기가 무엇인가? 바로 '변함없는' 이야기 아닌가. 주인공이 시작부터 끝날 때까지 아무런 변화도 없고 이야기의 전개도 한결같다면 절반도 채 상영하기 전에 관객들은 모두 영화관을 떠나고 말 것이다.

인생을 훌륭한 이야기로 엮어가기 위해선 평지에서 산 정상에 오르는 이야기만 있는 게 아니라 좌절하고, 도전하고, 또 변화하는 요소들도 있어야 한다. 도전하고 변화를 추구하는 인생이라면 더욱 쫄깃하고 깊이가 더해질 테니까.

그렇다면 일상에서 어떻게 변화를 만들어낼 수 있을까? 이를 위해선 스스로 도전하고 계획을 세워야 한다(step 5에서 소개하겠다). 많은 기업가가 남부럽지 않은 삶을 살면서도 사서 고생을 하고, 철인 3종 경기에 도전하는 이유가 여기에 있다. 우리는 모두 변화와 성장을 꿈꾼다. 이것이 우리의 DNA다.

내 미래는 앞으로 오르막길일까, 내리막길일까?

우선 리셋을 해보자. 그리고 이야기에 긴장감을 더해보자. 바로 오늘부터 새로운 변화를 모색해보자!

변화, 지금부터 시작이다

사람은 '동물'이다. 그래서 우리는 '동(動)'해야 한다.

아무리 걱정 없는 인생이라도 발전도, 변화도, 움직임도 없다면 이내 불안해진다. 바로 오늘이 앞으로 이어질 인생의 첫날(좀 더 엄밀히 말하자면, 매일매일)이라고 생각해보자. 어떤 도전을 하고 싶은가? 또 어떤 변화를 이끌어가고 싶은가?

나는 이미 여러 차례 '리셋'을 했다. 여덟 살 무렵 우리 가족은 미국으로 이민을 갔다. 할 줄 아는 언어라고는 고작 중국어 하나뿐이던 아이는 생존 모드에 진입했고, 가까스로 적응했다. 두 번째 리셋은 스타이브센트고등학교의 학생이 된 일이다. 나는 매일같이 버스와 지하철을 각각 두 번씩 갈아타면서 뉴욕에서 치안이 가장 안 좋다는 동네의 학교를 다녔고 졸업했다. 세 번째는 박사 과정에 들어가기 전에 이뤄졌다. 당시 나는 학업을 중단하면 안 되었다. 그런데 제멋대로 리셋에 들어가서 1년간 휴학을 했다. 이 1년이라는 공백기 때 세계 각지를 누비며 산문집《왜? 스스로에게 자유를 주지 못할까?》를 완성했다.

많은 사람이 행복이란 최고 절정에서나 느낄 수 있고, 오래 머물면 머물수록 좋다고 여긴다. 하지만 산을 타는 사람들에게 물어보라. 그들이 왜 잠시 쉬었다가 산을 내려가는지 말이다. 그들에겐 산을 오르는 것도, 내려가는 것도 단지 과정일 뿐이다. 산 정상에 올라선들 이 역시 하나의 정점일 뿐이지, 종점은 아니다. 인생은 움직이는 것이다. 지금 이 순간 인생이 재미없다면 리셋을 해보자!

나를 뛰어넘어 새로운 이야기의 시작을 만들어보자.

오늘이 첫날이다

'바꾸고 싶은 소망'을 적어보자. 다 했다면 표시해보자!

도전하고 싶다	변화하고 싶다
☐	☐
변화를 시도하다	새로운 출발점
☐	☐

할리우드의 한 통계에 따르면 영화가 시작되고 5분 안에 등장인물 간의 대화나 모션으로 주제를 알려야 하고, 12분 안팎으로 극의 첫 번째 전환점이 드러나야 한다. 그렇지 않을 경우 관객들은 흥미를 잃는다. 굳이 이런 시간 규칙에 잘 맞춘 좋은 영화를 찾길 원한다면 나는 2009년 픽사 애니메이션 스튜디오에서 제작한 애니메이션 〈업(Up)〉을 강력히 추천한다.

지금 눈을 감고 자신의 인생을 한 편의 영화라고 상상해보자. 당신은 이미 많은 줄거리를 겪어왔다. 이제 영화 시작 11분경을 지나 12분대에 들어섰다. 내일 다시 눈을 떴을 때 어떤 변화가 일어나길 바라는가?

생각을 기록하라! 삶을 변화시키자.

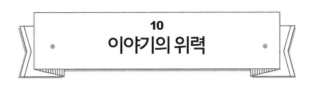

10
이야기의 위력

"자꾸 말 안 들으면 경찰 아저씨가 잡으러 온다!"

어린 우리에게 부모님들이 자주 하시던 말이다. 아마 이 말이 어른이 되어서도 우리의 잠재의식에 영향을 주리라고는 조금도 생각하지 못했을 것이다. 화자의 가치관이 들어 있는 이야기는 청자의 가치관에도 영향을 준다. 어른이 되었다면, 심지어 엄마 아빠가 되었다면 '이야기꾼'으로서 책임감을 가지고 더더욱 신중하게 이야기를 들려줘야 한다. 이야기의 위력은 당신이 상상한 그 이상이기 때문이다.

나의 한 친구의 이모는 매일 그녀를 볼 때마다 말한다.

"아이고! 여자는 시집을 잘 가야 하는데, 그래야 다시 태어나는 거지. 이모는 가난뱅이 아저씨한테 시집을 가서 이 모양 이 꼴로 사는 거야. 너는 절대로 이모처럼 살면 안 된다⋯⋯."

매년 명절마다 듣게 되는 이 말 때문에 그녀는 이모를 마주할라치면 얼른 내빼기 일쑤다.

어른들은 왜 이런 이야기를 좋아하는 걸까? 아마 이야기가 그들의 가치관을 반영하기 때문일 것이다. 당신이 들려주는 이야기는 당신의 면면을 그대로 반영한다. 따라서 반드시 조심해야 한다! 그들의 원망 섞인 이야기가 소리 없이 당신에게 영향을 미치고 있을지도 모르니까.

어린 시절 우리는 이야기를 통해 세상을 알아간다. 부모들은 어떤 예의를 가르치기에 앞서 우선 이야기를 들려준다. 이 이야기들 속에는 많은 가치관이 내포되어 있다. 어린 시절 들은 이야기는 우리의 잠재 의식에 아주 큰 영향을 미친다. '말을 듣지 않으면 경찰 아저씨가 잡으러 온다'고 생각하는 것처럼 말이다. 표면적으로는 겁을 줘서 놀리는 것이지만, 사실은 경찰이 아주 무섭고 언제든 잡으러 올 수 있다는 점을 내포한다. 이것이 바로 커뮤니케이션학의 '서사이론(Narrative Theory)'이다. 즉, 인류의 삶 속의 서사는 경험의 기초이며, 서사를 풀어가는 사람은 이야기를 통해 자신의 가치관을 전달한다는 것이다.

앞서 우리는 이야기가 다른 사람의 동기를 이해하는 채널 중 하나임을 확인했다. 여기까지 들어보면 이야기의 위력이 상상한 것 그 이상이고 이야기 역시 지속적으로 변화하며 각기 다른 형태로 우리의 생활에 영향을 미친다는 사실을 쉽게 알 수 있을 것이다.

미국의 신화학자 조지프 캠벨(Joseph Campbell)은 1949년의 《천의 얼굴을 가진 영웅(The Hero with a thousand faces)》이라는 저서에서 고금의 신화문학에 등장하는 영웅들 천 명의 성장 과정을 분석하고 '영웅 공식'을 도출해냈다. 이 공식은 마치 원형의 '사이클'과 같이 상반구, 하반구로 구분되는데 상반구권은 영웅들에게 익숙하고 쉬운 생존 환경^(편안한 권역)이고, 하반구권은 도전과 좌절이 있는 권역으로 이 영웅들이 마왕에 도전한 이후에는 세상이 달라진다.

신화 이야기는 여기까지 하고 이젠 동화에 관하여 얘기해보자. 요즘 미국에선《신데렐라》,《잠자는 숲속의 공주》와 같은 이야기를 아이들에게 들려주지 않는 추세다. 이런 흐름에 대해 어쩌면 당신은 그저 만화일 뿐인데 유난 떤다고 수군거릴지도 모르겠다. 그런데 조금만 깊이 생각해보면《잠자는 숲속의 공주》나《신데렐라》같은 이야기들이 꼬마 소녀들에게 '인생은 그저 왕자님이 나타날 때까지 기다려야만 행복해질 수 있구나'라는 생각을 심어줄 수 있다는 사실을 놓쳐선 안 된다.

최근 디즈니사에서도 이런 문제를 인식하고 기존과 다른 가치관이 담긴 작품들을 선보이고 있다. 전 세계적인 열풍을 몰고 왔었던《겨울왕국》이 그 좋은 예이다. 이 애니메이션 속 주인공은 부모들이 딸들에게 당부하고 싶은 독립적이고 강인한^(엄친아에게 흔들리지 말고) 면모를 갖추었고, 사랑을 위해 희생도 감내한다. 더불어 가족애가 얼마나 중요한지도 잘 보여준다.

이야기 속에 담긴 가치관은 비단 개인뿐 아니라 사회에도 영향을 미칠 수 있다. 나는 이탈리아 우피치 미술관의 르네상스 시기 작품들을 처음 봤을 때 무언가 의심쩍었다. 많은 번민으로 우울해진 그림 속에 그려진 것은 모두 예수가 고통받는 과정들이었다. 이를 보며 누가 감히 집안 걱정을 할 수 있겠는가? 나는 제국의 시스티나성당 돔 천장에 그려진 미켈란젤로의 〈천지창조〉를 올려다보며 들은 해설을 통해 비로소 중세 시대의 교회는 생생하고도 교묘하게 사람들이 알고 있는 이야기를 그려냈고, 이를 통해 절대다수의 문맹 신도들의 마음을 얻었다는 것을 깨달았다.

내가 돌연 깨달은 것은 이런 작품들이 오늘날의 TV나 영화와 같다는 점이다. 단지 형태만 다를 뿐 결은 같다. 르네상스 시기의 예술가들은 작품들을 통해 교회의 가치관을 전했다. 이는 동양의 문인들이 먹으로 산수화를 그려 '노자의 사상'을 전한 것과 같은 맥락이다. 본디 창작의 배후 동기와 용도는 다르기 때문이다.

동양에 대해 말이 나온 김에 덧붙이자면 우리에겐 교회의 벽화는 없지만, 경전의 '성어'는 있다. 성어는 이야기의 농축된 버전이다. 사마천의 《사기》에 나오는 '와신상담(臥薪嘗膽)'은 본래 춘추 시기 월나라의 국왕 구천이 복수를 위해 일부러 힘든 시간을 보내며 풀을 덮어 추위를 이겨내고, 방 안에 담낭을 걸어두고 수시로 그 맛을 보았다는 고사에서 유래했다. 1000년이 지난 후 수많은 경학자가 학자란 이 성어를 본받아 와신상담해야 한다고 말한다. 이 말을 외국인이 들었다면 분명 크게 놀랄 것이다. 왜 '배움'을 '지학하는 고행'이라고 말하냐면서 말이다.

와신상담에 얽힌 이야기는 어릴 적 공부에 소홀한 당신에게 죄책감을 안겨주었거나 '배움이란 반드시 고행이 따라야만 소용이 있구나'라고 오해하게 만들었을지도 모른다. 그러나 실제로는 딱 1/10만큼의 시간만 투자해서 효율적으로 학습하면 그만이다. 혹은 즐기는 것이 고행보다 훨씬 낫다는 점만 명심하면 된다.

이야기가 전하는 가치관은 이처럼 강력하다. 다른 사람에게 가치관을 전하고 싶다면 스스로가 먼저 정확히 아는 것은 당연지사이고 이 밖에도 어떤 가치관을 전하고 싶은지 고민해볼 수도 있다.

말기 환자를 돌보는 한 간호사는 임종이 가까워진 환자들에게 삶을 되돌아볼 때 가장 행복했던 일과 안타까웠던 일, 또 후회되는 일이 무엇인지 묻는다고 한다. 그럼 환자 대부분이 '하지 못한 일'을 후회하지, 결코 '한 일'을 후회하지 않는다고 한다.

죽음에 가까워지면 사람은 선해진다고 한다. 이들의 한마디 한마디에는 마음속의 아쉬움이 녹아 있다. "용기 있는 내가 되었으면 좋겠어요", "하고 싶은 말을 맘껏 하고 싶어요", "친구와 조금만 더 시간을 보내고 싶어요", "너무 일에만 치중하지 않았다면 좋았을 것 같아요", "더 행복하게 살았다면 좋았겠어요" 등등……**8**.

당신은 어떤가? 어떤 이야기를 들려주고 싶은가?

우리는 06장에서 10장까지 이야기의 중요성에 대해 이야기했다. 주변의 이야기에 좀 더 귀를 기울여 어떤 동기가 있었는지, 어떤 가치관을 전달하고자 하는지, 또 어떤 이야기를 하고 싶은지, 어떤 가치관을 전하고 싶은지 고민해보길 바란다.

기존의 굴레에서 벗어나자. 늘 당연하기만 한 가치관은 없다. 한번 파헤쳐보자. 누가 이런 이야기를 들려주었고, 누가 이런 가치관을 만들었는가? 조금씩 파헤치다 보면 세상에는 절대적인 것은 없으며 숱한 세상사를 보는 데는 저마다의 시선과 새로운 시야가 있다는 사실을 발견할 것이다.

당신이 바로 매개체다

미디어이론의 창시자이자 캐나다의 유명 교육학자인 마샬 맥루한(Marshall McLuhan)은 저서《미디어의 이해》에서 '미디어가 바로 메시지다'라며 미디어의 영향력을 지적했다. 맥루한이 등장하기 이전에 인류는 미디어를 '메시지의 캐리어'라고만 볼 뿐 그 내용을 바꿀 수는 없다고 믿어왔다.

하지만 오늘날 미디어의 영향력은 막강해졌고, 당신이 바로 미디어가 되었다. 그만큼 이야기를 전달하는 데에도 책임감 있는 태도가 중요해졌다.

적어도 이 장의 내용을 읽었다면 주변 사람과 함께 나눈 이야기를 기록하고 그 이야기의 배후가 되었을 법한 가치관을 분석해보자. 이야기한다는 것은 메시지를 전하려는 것이고, 의식적이든 무의식적이든 가치관이 반영되게 마련이다. 우리가 어릴 적부터 지금까지 들어온 이야기들이 우리의 가치 시스템 형성에 영향을 끼칠 것이니까.

더불어 당신이 임종을 앞뒀을 때 정말로 소중히 여긴 것이 무엇인지, 또 이 이야기는 어떻게 풀어갈 것인지, 누가 당신 옆에 있을 것이고 마지막으로 어떤 이야기를 들려주고 싶은지에 대해 고민해보길 바란다.

나는 두 아이의 아빠다. 이 사실을 수시로 일깨우고 있다. 예컨대 아이들을 교육할 때 혹여 '열심히 공부해서 좋은 학교에 가야 한다'라는 프레임을 강요하고 있지는 않은지, 더 자유롭고 더 발전할 수 있는 역량을 억압하고 있지는 않은지를 말이다. '말 안 들으면 경찰 아저씨가 잡으러 온다'와 같은 협박이 경찰의 권위는 세웠을지는 몰라도 아이들의 '경찰'에 대한 이미지는 왜곡시켰듯이! 따라서 절대로 경솔하게 아무 이야기나 입 밖으로 내서는 안 되며 다른 사람의 말을 함부로 무시해서도 안 된다.

내게 이야기를 들려주는 사람은 누구인가?

최근 일주일 내에 들었던 이야기를 적어보자. 그 이야기 속에 담긴 의미는 무엇인지 고민해보자.

무슨 동기에서인가?

이야기 속에는 어떤 가치관이 담겨 있는가?

의식적으로 곁에 있는 사람이 전하는 정보를 분석해보는 것은 아주 의미 있는 일이다. 이런 연습을 통해 신앙과 관념을 명확히 할 수 있으며 어떤 풍파에도 우직하게 견뎌낼 수 있다.

Step
3

중요한 일에
매진하라

당신은 무언가에 '억눌린' 느낌인가?
시간적으로든 공간적으로든 매일같이 일과 사람들에게 시달리다 보면
깊은 무기력감을 느낀다.
우리는 반드시 주변의 일이든 사람이든 정리하고, 순서를 정하며,
"No"라고 말할 줄 알아야 한다.
그래야만 그 시달림 속에서 벗어나 목표를 향해 정진할 수 있다.

11
생활 속 공간을 비워라

화분을 키워보았는가? 키워보았다면 '분갈이'의 경험도 있을 것이다. 제때 분갈이를 해주지 않으면 식물의 뿌리는 제대로 뻗어갈 수 없다. 사람도 마찬가지다. 성장하려면 우선 '성장공간'을 위한 정리가 필요하다. 인생이 '갑갑하다'고 느껴진다면, 우선 정리 정돈부터 시작해보자.

01장부터 10장까지는 과거와 현재의 관계에 대해 알아보았다. 이어지는 11장부터 20장까지는 '바로 지금'과 '현재'의 관계를 이해해보려고 한다. 이 과정을 통해 당신이 지금의 상태에 반응하고 처리하는 데 도움을 주어 궁극적으로 지금을 주도하는 사람으로 변모하길 바란다.

주도적인 사람이 되기 위한 첫걸음은 바로 '공간'을 확보하는 것이다. 여기에는 '생각하는 공간'과 '운영할 공간'이 필요하다. 이런 '공간감'은 추상적인 개념처럼 보이지만, 사실은 매우 구체적인 상태이다.

내가 당신에게 묻는다.

"당신 집은 얼마나 됩니까?"

당신은 아마 이렇게 답할 것이다.

"이십오 평이요."

"방 하나 거실 하나에요" 혹은 "영원히 좁을 것 같소!"도 마찬가지다. 당신에게 "생활에서 변화시킬 공간이 얼마나 되나요?"라고 묻는다면 당신은 아마도 "아주 많아요" 또는 "그럴 공간이 없어요" 혹은 "바꿀 수 있는 공간은 아주 많지요. 하지만 굳이 바꾸고 싶은 공간은 그리 많지 않아요"라고 답할 것이다.

당신의 삶이 너무 빡빡하게 들어차 있다고 느끼지는 않는가? 그럼 얼마 전 내가 겪었던 소소한 일화를 소개해볼까 한다. 나는 피부가 건조한 편이라 늘 로션을 발라줘야 한다. 그런데 욕실에 들어가서야 늘 사용하던 로션이 바닥났음을 알았다. 그래서 세면대 거울 뒷면의 수납장을 열었더니 안에는 꽤 많은 병과 통이 가득 차 있었다.

그 작은 병, 통 들은 모두 여행을 다니면서 호텔에서 제공해준 비품을 챙겨온 것이었다. 그중 하나를 열어 만져보니 영 질감이 이상했다. 코를 들이대고 냄새를 맡으니 악취가 진동했다. 사실 얼마나 오래 묵혀둔 로션인지는 잘 모른다(적어도 3~5년은 손도 대지 않았다). 나는 왜 이 로션들을 다 챙겨온 것일까?

결국 그 로션은 버렸다. 로션이 들어 있던 다른 통들도 모두 쓰레기통으로 던졌다. 아쉬운 마음이 없지는 않았지만 버리고 난 후 깔끔해진 수납장을 보니 내 마음도 덩달아 상쾌해졌다.

이 이야기의 핵심은 '쟁여두지 말자'이다. 아껴 쓰는 게 미덕이다.

당신도 알다시피 낭비되는 게 안타까운 마음에 '언젠가는 쓰겠지'라는 마음으로 챙겨두니 생활공간은 비좁아진다. 많은 사람이 서점을 둘러보다가 '이 책 참 재밌네, 언젠가는 다 읽을 수 있겠지?'라는 생각으로 한 무더기를 사서 집으로 돌아온다. 그리고 그중 일부만 읽는다. 그러고는 다시 서점에 가 또 여러 권의 책을 안고 집으로 돌아온다.

어떤 사람들은 하루에 여러 개의 수업을 수강 신청하고 결제한다. 그리고 처음 몇 번은 설렘을 안고 수업을 듣는다. 하지만 조금만 바빠지면 이내 그만두기 일쑤다.

당신의 옷장은 또 어떤가? 버리기 아까워 버리지 못한 예전 옷들로 가득하다. 전례 없는 파격 세일에 새로 들인 옷은 아닌가? '어떤 날 어떤 장소에 가면 입어야지' 하고 사들인 화려한 옷이던가. 결과적으로는 한 해 또 한 해가 가도록 상표조차 떼지 못한 옷투성이다.

물건을 살 때는 그 제품의 미래 용도까지도 고려해야 한다. 생활 속에서 얼마만큼의 가치를 발휘할지 말이다. 문제는 제대로 계획을 세우지 못한 상태에서 '잠재적 과잉' 사태가 나타나는 경우다. 주위를 둘러보면 쓸모없고, 반 정도 썼거나 아예 존재마저 잊었던 물건이 꽤 많다. 매번 방 안을 정리해야만 비로소 보이는 '잠재력' 있는 물건들은 결국 안타까움으로 변하고, 그 안타까움에 감히 버리지 못하다 보니 쌓이게 되는 것이다.

이렇게 쌓이다 보면 미래에는 발 디딜 틈조차 없어질 것이다. 당신에게 공간이 없기 때문이다. 수납할 공간도, 운영할 공간도, 심지어 생각할 공간도 말이다.

최근 들어 업계에서는 '기본으로 돌아가자'며 '본질주의(Essentialism)' 바람이 불고 있다. '주의'라고 하니 듣기에는 무언가 대단한 느낌이지만 한마디로 정리하면 결국 '적지만 더 훌륭하다'이다.**9**

아주 훌륭한 개념 아닌가! 하지만 어떻게 선택하느냐는 쉽지 않은 문제이다. 특히 매번 같은 물건들이 새로운 잠재력, 새로운 꿈을 대표한다면 어떤 기준으로 평가해야 할까?

내가 막 DJ생활을 시작했을 때 LP판 한 장 값은 8~15달러였다. 음반 가게에서는 직접 들어보고 고를 수 있었는데 들을 때마다 모두 필요하게 느껴져 선택하는 데 애를 먹었다. 당시 DJ를 해서 버는 주급이 200달러 정도였는데, 매주 200달러어치의 음반을 사들이다 보니 생활은 늘 적자였다. 한 번은 경력 많은 한 DJ와 함께 음반 가게에 가게 되었다. 나는 음반을 한가득 골랐지만, 그의 손에는 겨우 세 장밖에 들려 있지 않았다. 그는 내게 물었다.

"왜 이렇게 많이 사는 거예요?"

그러고는 내 손에 가득 들린 음반들을 훑어보면서 말했다.

"이건 사지 말아요."

내가 대답했다.

"이 음반 첫 곡의 한 구간이 정말 훌륭해요."

그는 나를 보며 물었다.

"그 곡이 그렇게 좋아요?"

내가 말했다.

"아주 유용하게 쓸 수 있을 것 같아서요."

그가 세 번째로 물었다.

"그 곡이 그렇게 좋아요?"

내가 말했다.

"꼭 '아주 좋아'라고 말할 수는 없지만……."

"하지만이란 없어요. 당신은 좋아하지 않는 거죠. 그럼 사지 말아요!"

경력 많은 DJ는 강력하게 말했다. 하지만 나는 끝내 사고 말았다. 그런데 그가 옳았다. 나는 그 음반을 '좋아하지' 않았다. 단지 '쓸모가 있을 것 같을' 뿐이었다. 실제로 나는 단 한 번도 그 음반을 틀지 않았다. DJ들은 자신이 좋아하는 음반을 틀게 마련이니까.

이런 마인드는 스마트폰에서도 드러난다. 언젠가는 쓸 거라면서 한 무더기의 앱을 내려받지만 정작 활용하는 앱은 단 몇 개에 불과하다.

앞으로 당신이 소비하려는, 구매하려는, 소장하려는 '잠재력 있는 물건'이 앞에 있다면 먼저 두 가지만 자문해보자.

첫째, 순수하게 직감적으로 정말 '좋아'하는가?

둘째, 순수하게 이성적으로 '어떻게 사용'할 것인가?

이 두 가지 문제에 답할 수 없다면 세 번을 생각해보길 제안한다. 그 물건들이 손쉽게 당신의 삶 속에 들어오고, 당신의 심리적 공간을 차지하는 것을 허락하지 마라. 이것이 바로 본질주의를 실천하는 첫걸음이다. 쓸모없는 물건들이 당신의 삶 속에 끼어들어 군더더기가 되는 일이 없도록 하자. 진정한 절약은 시작부터 잘라내는 것이다.

당신의 미니멀리즘이 성공하길 기원한다!

미니멀리즘

커다란 종이 상자를 가져다 놓고 구석구석 여러 해 묵은 쓸모없는 물건을 담으며 미니멀리즘을 시작해보자.

우리가 할 연습은 '사용해보지는 않았지만 버리기엔 아쉬운 잠재력을 가진 물건'을 찾아보는 것이다. 예컨대 책장의 책이나 옷장 속의 옷 혹은 수납장 안에 넣어두고 한 번도 사용하지 않은 장식품도 좋다. 이 물건들을 손에 들고 두 가지를 자문해보자.

첫째, 정말 이 물건이 좋은가? 이 물건에 대해 강렬한 느낌이 있는가?

둘째, 나 자신에게 이 물건을 사용한 시간을 말할 수 있는가?

이 두 가지 문제에 답하는 동시에 앞으로 이 물건을 사용할 시간 계획을 세워야 한다. 더 이상 쓰지 않을 것이라면 누구에게 줄 것인지, 기부할 것인지, 버릴 것인지 고민해봐야 한다.

여전히 우리 주변에 있지만 쓰이지 못한 물건들은 '개발되지 못한 잠재력'이다. 새로운 물건이 우리 삶에 끼어들면 오래된 물건들은 더더욱 눈에 띄지 않게 마련이다. 이런 미개발된 잠재력들은 우리의 생활공간을 차지할 뿐 아니라 심리적 공간까지도 차지하며 마음의 짐이 되고 만다.

지금 이 연습은 우리 '마음의 짐'을 조금이라도 덜어줄 것이다.

Ready go!

미니멀리즘, 시작

물건 1:_____

☐ 정말 이 물건을 좋아하는가?
☐ 이 물건을 사용한 시간을 말할 수 있는가?

이 물건의 최적 처리:

물건 2:_____

☐ 정말 이 물건을 좋아하는가?
☐ 이 물건을 사용한 시간을 말할 수 있는가?

이 물건의 최적 처리:

이 페이지를 복사해 '미니멀리즘'이 필요한 물건마다 붙여도 좋다.

12

집중할 공간을 만들어라

우리의 뇌는 생각을 하는 동시에 두 가지 메커니즘이 작동한다. 하나는 신호를 증강시키는 것이고, 다른 하나는 불필요한 신호를 억제하는 것이다. 새로운 변화가 일어났다면 불필요한 군더더기들을 제거해 '뇌의 능력'이 더욱 효과적으로 발휘되도록 해야 한다. 그렇다면 어떻게 자신만의 집중할 수 있는 공간을 만들어야 할까?

골머리를 앓아본 적 있는가? 아무리 생각해도 답을 찾을 수 없다가 환경을 바꾸는 순간 돌연 좋은 생각이 떠오른 경험이 있는가? 마음이 우울할 때 대자연과 드넓은 바다를 바라보면서 마음도 함께 뻥 뚫렸던 경험이 있는가?

우리의 생각은 환경과 절대적인 관계가 있다. 설령 의식하지 못하는 상황에서도 우리의 감각기관은 시시각각 각종 신호를 수집하고 사고 영역에 영향을 끼친다.

미국의 뇌신경학자의 연구에 따르면, 사람의 뇌는 집중할 때 두 가지 일이 동시에 일어난다. 하나는 '신호 증강(Enhancement)'으로 집중해야 할 사물에 더 많은 에너지를 쏟는 것이고, 다른 하나는 '불필요한 신호 억제(Suppression)'로 관계없는 정보를 걸러내 불필요한 신호에 대해 '방해하지 말라'고 경고하는 것이다[10].

이 메커니즘은 매우 시끄러운 장소에서도 상대방의 말을 알아들을 수 있는 이유를 설명해준다. 우리의 뇌는 수시로 들려오는 소리와 상대방의 입 모양을 함께 입력하는 동시에 불필요한 신호는 억제하여 시끌벅적한 환경 속에서도 상대방의 말을 알아듣도록 하는 것이다.

그런데 이는 상당한 에너지를 필요로 한다. 술집이나 클럽 같은 곳에서 대화를 하고 나면 더 피곤하게 느끼는 이유가 바로 여기에 있다.

반대로 조용한 장소에서 중요한 대화를 하면 대부분의 뇌 역량은 신호 증강에 활용되어 상호 간 대화 주제에 더욱 집중하게 된다. 일부 사람은 깊은 생각을 할 때 자기도 모르게 눈을 감거나 귀를 막는데, 이는 불필요한 정보를 차단하기 위해서다.

우리가 골머리를 앓을 때 소모되는 것은 체내 열량의 근원인 당, 즉 탄수화물이다. 생각하고, 일하고, 심폐 운동을 하려면 모두 체내의 당을 소모해야 한다. 연구에 따르면 뇌는 아무런 생각을 하지 않을 때도 분당 0.1칼로리를 소모하고, 복잡한 문제가 생길 경우 분당 1~1.5칼로리를 소모한다. 다시 말해 꼭 깊은 생각에 잠길 때뿐만 아니라 불필요한 정보만 억제해도 뇌는 골머리를 앓아야 하는 것이다.

지금 일을 하는 당신의 책상에 파일 하나가 놓여 있다. 파일 옆으로는 불필요한 물건이 한 무더기 쌓여 있다. 설사 그 물건들이 당신이 하는 일과 아무런 상관이 없음을 알고 있어도 잠재의식은 여전히 이 불필요한 신호들을 억제하느라 힘을 쏟고 있다. 이와 반대로 책상이 잘 정돈되어 있다면 뇌는 더욱 활발히 움직여 파일에 집중할 수 있다.

나이가 들수록 뇌의 역량은 감퇴한다. 주변에 어르신들이 계실 것이다. 당신이 어르신들 귀에 대고 무슨 이야기를 하든 "시끄럽다" 하는 핀잔을 들을 수 있다. 어르신들의 '불필요한 신호 억제' 기능이 점점 쇠퇴하고 있기 때문이다.

어떤 사람들은 '멀티태스킹'도 가능할 뿐 아니라 불필요한 정보에 대한 수용도도 높다고 말한다. 하지만 결과적으로 불필요한 신호들은 여전히 그들의 성과에 영향을 미친다.

과거 각기 다른 세 가지 상황에 따른 기억의 차이점에 관한 실험을 했다. 첫째, 너저분한 벽에 가로막혔을 때, 둘째, 회색 벽에 가로막혔을 때, 셋째, 눈을 감았을 때……. 결과적으로 너저분한 벽에 가로막혔을 때의 기억은 디테일이나 정확성이 회색 벽에 가로막혔거나 눈을 감았을 때보다 떨어졌다.

어지러운 주변 환경이 당신과 무관하다고 느끼는 것은 단지 익숙해진 탓이다. 불필요한 정보가 뇌에 입력되는 순간 당신은 의식하지 못할지라도 뇌는 이미 그 정보를 억제하기 위해 에너지를 쓰고 있었던 것이고, 우리는 그 사실을 간과한 것이다.

지금 안정적으로 일하고 싶다면 '정리된 공간'으로 들어가라. 책상 위에는 컴퓨터와 원고 외의 것은 모두 치우자. 귀에는 이어폰을 꽂고 다른 사람의 말소리를 '차단'할 정도만의 소리를 듣자. 실재하는 공간 정리가 끝나면 마음을 위한 공간은 훨씬 수월하게 마련할 수 있다.

어쩌면 당신은 이렇게 반박할지도 모른다. 지저분한 책상, 예컨대 아인슈타인, 마크 트웨인, 에디슨 등의 책상에서 번뜩이는 아이디어가 샘솟는 것 아니냐고 말이다. 이는 아주 다른 사고 경로이다. 이런 아이디어들이 나올 수 있는 것은 불필요한 물건들마저도 그들의 잠재의식 속에 몰아넣어 쉽게 연상 작용을 하고 그런 혼동 자체도 기꺼이 받아들이는 경우다.

이유야 어찌 되었든 삶이 갑갑하다고 느껴진다면 우선 집중할 공간부터 만들어보자! 집중하는 것이 어렵다면 책상부터 정리해보는 건 어떨까.

나만의 집중을 위한 앱, 'mynoise.net'

나는 요즘 'mynoise'라는 앱에 완전히 꽂혔다. 업무 모드로 전환이 필요할 때면 이 앱에서 '주변 소음 차단 소리'를 선택한다. 그러면 외부의 방해를 덜 받을 수 있다. 그뿐만 아니라 불안한 마음도 진정시킬 수 있다. 관심 있다면 당신도 한번 이용해보라.

http://bit.ly/mynoise

당신의 주변을 살펴보자. 혹시 불필요한 물건들이 방 안 가득 채워져 있지는 않은가? 사무실은 어떤가? 파일들이 다 차지하고 있지는 않은가? 또 데스크톱 화면은 어떤가? 수많은 폴더에 점령되지 않았는가?

사람을 '컴퓨터'라고 가정해본다면, 뇌는 초당 최대 40비트의 정보를 처리해야 한다. 그러므로 감각기관에서 수용한 1,100만 비트의 정보들 중 취사선택을 할 수밖에 없다.[*] 현 상황이 하나의 선택지라면 당신은 능력을 십분 발휘하여 이 기회를 잡아 성공과 발전을 할 수 있는 현 상황을 선택하겠는가?

당신은 공간이 필요하다. 그 공간에서만큼은 불필요한 생각은 떨쳐버리고 집중할 수 있어야 한다. 이런 상태가 되어야만 비로소 '무엇이 중요하고, 무엇이 중요하지 않은지'에 대해 곰곰이 생각해볼 수 있다.

어쩌면 많은 사람과 함께 어울리느라 자신만의 공간이 없을지도 모른다. 그렇다면 쉽게 갈 수 있는 곳을 찾아보자. 깔끔하고 조용한 공간이면 된다. 가까운 도서관도 좋고, 작은 카페도 좋다. 우리의 뇌가 '억제' 기능을 조금만 발휘해도 되는 곳이면 무방하다. 이런 곳에서 생각의 공간을 잘 정리해보자. 정리가 끝났다면 사진을 찍어두는 것도 좋다. 때때로 자신에게 '나만의 공간'이 필요하다는 사실을 일깨울 필요가 있을 테니까.

---

[*] 포지티브연구센터(Institute of Applied Positive Research)의 숀 어쿼(Shawn Achor)의 연구 통계.

조급함의 함정에서 벗어나라

당신은 자신이 분명 소방관이 아님에도 온종일 '진화'에 나섰던 사실에 감탄해본 적 있는가? 긴박하고 걷잡을 수 없는 상황이 벌어졌다면 우리는 어떻게 해야 이 함정에서 벗어나고, 다시 원래 계획한 목표에 매진할 수 있을까? 그리스 신화 속 이야기에서 그 답을 찾아보자!

우리는 11장부터 '지금의 공간'을 처리하는 법을 배웠고, 이를 토대로 더 발전된 미래를 모색할 수 있게 되었다. 즉, 주변의 공간을 정리 정돈하고, 간단한 원칙을 세워 절약해야 한다. 다수의 독자가 '불필요한 물건'들을 줄이는 데는 성공했겠지만 '불필요한 일'은 여전히 많을 것이다. 이번 장에서는 지금의 불필요한 일들을 해결해보자.

하루 동안 해야 할 일을 사분면에 나눠 정리해보자. 가로축은 '긴박'하거나 '긴박하지 않은' 것으로, 세로축은 '중요'하거나 '중요하지 않은' 것으로 한다. 많은 기업의 교육 과정에서는 이런 기법을 '아이젠하워 매트릭스(Eisenhower Matrix)'라고 한다. 이는 미국의 제34대 대통령이었던 아이젠하워 장군이 일간 계획을 세웠던 방법이기 때문이다.

기본적으로 긴박하고 중요한 일은 DO(조속히 해결), 급하진 않지만 중요한 경우는 DECIDE(언제든 해결할 것으로 결정), 급하지만 중요하지 않은 경우는 DELEGATE(다른 이에게 넘김), 긴박하지도 중요하지도 않은 일의 경우 DELETE(삭제)로 분류하는 방법이다.

◎업무 분류를 해보자.

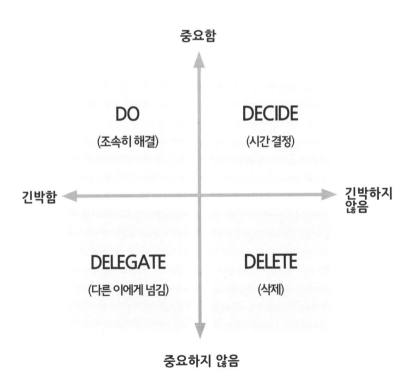

유명 컨설턴트인 스티븐 코비(Stephen Covey)는 자신의 베스트셀러《성공하는 사람들의 7가지 습관》에서 아이젠하워 매트릭스 기법을 자신의 일곱 가지 습관 중 하나로 꼽았다.

이 방법을 따라 해보면 효율적으로 알찬 하루를 보내고, 좀 더 나은 미래로 나아갈 수 있다. 그러나 일반인들이 이 방법에 따라 일을 처리하는 게 쉽지는 않다. 실상 우리는 수많은 일에 '얽매여' 있기 때문이다. 연이어 밀려드는 일들 속에서 탈출구를 찾아야 한다.

보기에 긴박해 보일 뿐 아니라 정말 중요하게 느껴지는 일(설령 중요하지 않더라도 보기에 중요해 보이는 일)들이 산적해 있지만 도와줄 사람은 만무하다. 그래서 우리는 늘 동동거리며 산다. 매일같이 새로운 일들이 더해지고, 불을 끄려 하면 더 활활 타오른다. 일의 순서를 정하기가 쉽지 않으니까.

간신히 자기만의 시간이 생겨 미래에 대한 고민을 하면서 잠시나마 충전하려고 하면 '거절할 수 없는 초대'들이 여지없이 밀려온다. 오랜 친구의 귀국 파티, 아는 동생이 초대한 파격적인 특가 세일, 자기가 못 가게 되었다며 동료가 전해준 오늘 밤 음악회 티켓…….

정말 꼬이고 꼬인 날이다. 그렇지 않은가?

행동경제학에서는 이러한 심리 현상을 '과도한 가치폄하 효과(Hyperbolic Discounting)'라고 한다. 우리의 뇌는 시간적으로 촉박해진 일을 확대해서 생각한다. 특히 '지금', '쉽지 않은 기회', '제한된 시간'이라는 상황에서 벌어진 일을 매우 중시하는 현상이다. 가게 앞에 걸린 '타임 세일'이라는 문구를 보면 얼른 들어가는 것도 이 현상에서 비롯된다.

자, 마음을 가라앉히고 생각해보자. 가게 사장은 과연 물건을 헐값에 넘기고 싶을까? 아니면 전략적으로 시간적인 압박을 가해 구매를 부채질하는 것일까?

반년이 지나도록 이 가게는 여전히 타임 세일 중이다! 이런 시간적인 제약과 지금 아니면 잡을 수 없는 기회들은 항상 이어질 것이다. 그럼에도 우리는 지금의 착각이 가져오는 영향에 빠지고, 우리가 해결해야 하는 일들을 해내지 못하게 만드는 주범에 휘둘린다. 그럼 이 난관을 어떻게 헤쳐나가야 할까?

3000년 전, 고대 그리스 전설 속 율리시스의 이야기에서 그 답을 찾아보자.

트로이전쟁에서 승리한 뒤 고국으로 돌아가던 율리시스는 자신이 탄 배가 곧 바다 괴물 세이렌이 사는 섬을 지난다는 사실을 알게 되었다. 소문에 따르면 세이렌의 아름다운 노랫소리를 들은 선원들은 모두 마음을 빼앗긴 채 작은 섬으로 배를 몰아 수몰당한다고 했다. 하지만 율리시스는 이렇게 위험천만한 일이 벌어질 수 있다는 걸 알면서도 세이렌의 노랫소리가 궁금해서 참을 수가 없었다.

그래서 율리시스는 부하들에게 자신을 밧줄로 돛대에 단단히 묶도록 한 후 진로를 알려주었다. 그리고 부하들에게 말했다.

"너희들은 이 방향대로만 노를 저어라. 밀(벌집을 만들기 위하여 꿀벌이 분비하는 물질)로 귀를 막고, 어떤 소리도 들어선 안 된다. 또한 내가 화를 내든, 소리를 지르든 절대로 나를 풀어주지 말아라. 내가 발버둥을 치거든 더욱 단단히 묶어야 할 것이다!"

과연 세이렌의 노랫소리가 귓가에 울려 퍼지자 율리시스의 마음은 걷잡을 수 없는 유혹에 흔들리기 시작했다. 밧줄을 풀기 위해 발버둥 치고 부하들에게 고함을 질렀다.

"어서 나를 풀어라!"

그러나 부하들은 율리시스의 말대로 모두 귀를 막은 채 열심히 노를 저을 뿐이었다. 그들은 결국 그 누구도 뿌리치지 못했던 유혹을 이겨낼 수 있었다.

율리시스는 자신이 세이렌의 노랫소리를 들으면 더 이상 자기 자신이 아니게 될 것을 알고 있었다. 그래서 '지금의 율리시스'는 '미래의 율리시스'와 약속을 한 것이다. 이를 '율리시스의 계약(Ulysses Contract)'이라고 한다.

'지금의 오류'의 함정을 뛰어넘으려면 오류를 범하기 전에 미리 계획을 세워두어야 한다. 이는 하나의 관문이자, 간단한 알림 메시지가 될 수 있다. 가령 새벽 운동을 시작하고 싶지만, 늦잠을 잘 가능성이 많다고 판단된다면 먼저 PT 스케줄을 잡은 후 코칭스태프와 약속을 해 만나는 것이다. 혹은 아침형 인간인 친구에게 몇 시쯤 모닝콜을 해달라고 부탁할 수도 있다.

스스로와 율리시스의 계약을 해보는 건 어떨까? 머리가 맑아지고 의지가 생겼을 때 미래를 위한 준비를 하며 나만의 관문을 설정해보자!

율리시스의 계약

내가 가장 자주 하는 '율리시스의 계약'은 전날 저녁 다음 날 제일 먼저 해야 할 일을 계획하고 포스트잇에 적어 스마트폰 화면에 붙여두는 것이다. 그리고 스마트폰은 비행 모드로 전환한 후 잠자리에 든다.

이튿날 아침 일어나자마자 스마트폰 속 각종 뉴스에 빠져 있다 보면 그새 오늘 해야 할 일을 잊을 것임을 알고 있기 때문이다. 비행 모드로 해두는 것은 첫 번째 관문이고(스스로 인터넷을 못 하게 하기 위해서이다), 액정에 포스트잇을 붙이는 것은 관문에 더해진 알림 메시지라고 할 수 있다.

이렇게 시도한 결과 눈 뜨자마자 스마트폰부터 보던 습관이 크게 개선되었고 효율성 또한 향상되었다. 당신도 오늘부터 시도해보는 건 어떨까!

예시

오늘 아침 제일 먼저 할 일:

집 앞 공원에서 30분간 조깅

자신을 위해 '율리시스의 포스트잇'을 써보자

약속
오늘 아침 일어나자마자 할 일

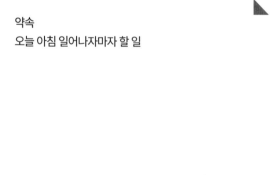

* 여기에 연습하는 것 외에도 당신의 포스트잇을 꺼내 '계약' 내용을 적고 내일 아침부터 시작해보자!

14

'하이레버리지'의 수확을 찾아라

계획대로 착착 지내오던 내 일상이 주변 사람의 부탁으로 갑작스럽게 엉망진창이 된 경험이 있지 않은가? 노래방에서 친한 친구가 마이크를 뺏어 노래 좀 한들 대수로운 일이겠냐만 일상에서 이런 '끼어듦'은 대략 난감이다. 생활에도 질서가 필요하다. '뭐가 먼저이고 뭐가 나중이다'라는 말은 간단하지만 아차 하는 순간 엉망이 되기 십상이다. 이번 장에서는 그 순서들을 더욱 구체적으로 나열할 방법을 알아보고자 한다. 다시 한 번 미니멀리즘을 연습해서 즐거움의 '레버리지'를 높여보자!

우리는 종종 스스로 빡빡한 계획을 세우며 일을 벌인다. 하지만 대부분의 경우, 주변 사람들의 개입으로 바빠지곤 한다.

사무실의 상황을 예로 들어보자. 아마도 당신은 각양각색의 사람을 만날 것이다. 동료가 무슨 고민이 있다며 당신에게 도움을 청하면 처음에는 별일 아니라 여기지만 시간이 흐르면서 도움을 주면 줄수록 이상하게도 당신이 해야 할 일이 많아지는 걸 느낀다. A가 당신을 찾아오면 또 B가 찾아오고, 모두가 당신을 찾는 것이다.

처음에는 충분히 해줄 수 있는 일이라고 여겼거나 도움을 청하는 것은 동료가 자신을 신뢰하기 때문이라고 생각했을 것이다. 그래서 거절하지 않았을 것이다. 그런데 지금에 와서 보니 일은 점점 쌓여가고 도무지 끝날 기미가 보이지 않는다.

날마다 다양한 사람이 각자의 이유와 신분을 이용해서 이것저것을 요구하며 당신의 시간을 빼앗는다. 계획적으로 착착 굴러가는 삶을 원한다면 '수많은 지엽적인 일', '소수의 중요한 일'을 구분해낼 능력을 갖춰야 한다. 그럼 어떻게 해야 할까?

'선별'해야 한다!

처음 들은 당신은 아주 쉬운 문제라고 생각할지도 모르겠다. 하지만 실제로는 전혀 그렇지 않다.

예전에 온 가족이 유럽으로 휴가를 떠난 적이 있었다. 나는 두 아이에게 각자의 짐을 싸라고 했다. 그리고 숙소에서 짐을 푸는 순간 아이들의 가방에 장난감만 가득 차 있음을 알았다. 다행히 옷도 몇 벌 있었다. 이처럼 아이들의 선별 기준은 어른과 확연한 차이를 보인다.

한번은 어느 회사에서 내부 강연을 했다. 직원들에게 하반기에 예정된 중요한 프로젝트를 물었더니 20여 개의 프로젝트를 늘어놓았다. 그래서 직원들에게 토론을 통해 선별해보라고 요청했는데 30분이 지나 가져온 리스트에는 여전히 17개나 되는 프로젝트가 있었다. 이유인즉슨 많은 프로젝트가 연동되어 있어서였다.

계절이 바뀔 때 옷장 정리를 해보았을 것이다. 아마도 처음에는 이렇게 말할 것이다.

"안 입는 옷은 꼭 버려야지."

하지만 여전히 '특별 사면'되는 옷들이 있다. 아래위 세트를 찾아 입어보고는 아직 괜찮다며, 또 한 번밖에 안 입어서 안 되겠다며 다시 개서 넣어둔다. 결국 두 시간여 지난 후 온몸은 땀에 젖었지만, 옷장은 여전히 꽉 차 있다.

나도 마찬가지다! 여전히 오래된 물건을 버리지 못하고 '추억'에 젖곤 한다. 그럼 어떻게 해야 할까? 내가 오랜 시간 시도해보고 조정한 후 완성한 선별법을 알려주겠다.

1. 분명한 목표 설정

2. 90% 선별 기준 설정

3. 분류 순서를 정한 후, '하이레버리지' 항목을 선별

아이들의 짐을 예로 들어보자. 나는 아이들에게 우리가 유럽에 가면 어떤 곳에 가고^(예컨대 놀이공원, 바닷가) 어떤 활동을 할지 생각해보라고 주문했다. 그리고 다시 생각한 활동들에 어떤 옷이 필요하고 어떤 물건이 필요할지 생각해보라고 얘기했다. 이렇게 '목표'를 설정해준다면 아이들도 무엇을 준비해야 할지 좀 더 분명히 알고 짐을 챙길 수 있다.

옷장 앞에만 서면 나는 초라해지곤 한다. 나는 나 자신에게 '이 옷을 입을 수 있을까?'라는 질문을 할 수 없다. 내 답은 늘, 그리고 앞으로도 'Yes'이기 때문이다. 그래서 나만의 점수 기준을 정한다. '자주 입는다'에 40점, '편하다'에 30점, '보기 좋다'에 30점을 줄 경우, 옷들은 이 세 가지 기준에 따라 점수를 받고, 90점 이하는 즉시 탈락이다. 이렇게 케이스 바이 케이스로 고려하다 보니 훨씬 쉬워진 느낌이었다. 이것이 소위 '90% 선별 기준의 설정'이다.

회사의 연간 계획 등과 같이 연관성 높은 사안들의 경우 관련 사항들을 함께 놓고 고려해야 한다. 인터넷과 관련된 사안은 그 사안별로, 고객 서비스와 관련된 사안별로 또 마케팅과 관련된 사안별로! 이렇게 구분한 후 하나하나 리스트를 작성하여 자문하면 된다.

'여기에선 어떤 사안을 먼저 해결해야 다른 사안도 쉽게 풀릴까? 혹은 덜 중요해질까?'

이와 같은 '하이레버리지 효과'를 가진 사안을 찾았다면 그것부터 해결하는 게 바로 왕도이다!

명확한 목표 설정, 90% 선별 기준 설정, '하이레버리지' 사안 선택, 이 세 가지 방법은 일상 곳곳의 무성한 잡초를 제거하는 데 도움 될 것이다.

쉽게 'No'를 외치지 못하는 사람은 성격이 아주 좋고, 주변과 잘 어울리는 사람일 가능성이 높다. 하지만 긍정적인 면만 보는 데 익숙해지면 마지막엔 억울한 느낌이 들지도 모른다. 일상에서 '선별 작업'이 어려운 친구들에게 '하이레버리지'의 사안을 찾는 일은 상당히 중요한 일이다.

어쩌면 업무가 '즐거운 레버리지'가 아니고 '고통의 레버리지'가 되었을지도 모른다는 사실을 알아차렸는가? 업무시간이 길수록 고통은 배가된다. 희한하게도 우리는 늘 '업무 지상주의'적인 면모를 보인다.

사장이 부른 자리에 갈 수도 있고 가지 않을 수도 있다. 선택지의 다른 하나는 오랜 친구들과의 모임이다. 어쩌면 부모님은 당신이 사장^(성공)과 좀 더 가깝게 지내길 바랄지도 모른다. 하지만 오랜 친구와 나누는 지난 시절에 대한 이야기는 당신의 즐거움 지수를 큰 폭으로 끌어올린다.

많은 이가 종종 '긴박할수록 중요하다'라는 수렁에 빠지곤 한다. 사실 우리는 그렇지 않다는 사실을 명명백백히 알고 있다. 무언가의 '끼어듦'이 있다면 '선별 기준'을 활용해라. 그럼 결코 발등의 불이라 여기는 실수는 반복하지 않을 것이다.

당신이 오랜 친구와의 모임을 우선했다면 업무로 말미암은 고통과 밸런스를 맞출 수 있을 것이다. 그러므로 '마땅히 해야 하는데 할수록 불행한' 일만큼은 선택하지 말아야 한다. 어쩌면 업무에서 벗어날 때마다 죄책감이 들지도 모른다. 일단 우선순위를 나열하고 꼭 필요한 것부터 선택하자. 그렇지 않으면 얽혀 있는 실타래 속에서 영영 벗어나지 못할 것이다.

사실 그런 가치관을 외면하고 마음의 소리만 듣는다는 것은 쉬운 일이 아니다. 그렇지만 움직여야 한다. 진지하게 자신의 행복을 위한 레버리지들을 늘어놓으면 종종 생각지도 못한 답을 찾을 수도 있다. 아이들의 웃음소리, 주말 근교로의 여행, 와인과 곁들여 먹는 치즈 등 오랜 시간 기다릴 필요 없이 매주 한 번씩 누릴 수 있는 것들……

지금부터 다시금 마음을 고쳐먹자. 행복만 오는 것이 아니라 효율도 오를 테니까.

마음의 소리에 귀 기울여라

이번 장에서는 '90% 기준'을 소개했다. 눈코 뜰 새 없이 바쁘고 시간이 돈인 당신에게 하나하나 점수를 매긴다는 행위도 꽤 번거로운 일일 것이다. 그렇다면 방법이 없을까? 절대 미니멀리즘을 포기해선 안 된다. 그래서 제안한다. 매번 선택의 기로에서 '이것도 괜찮아요'라는 말 대신 마음속에서 '오! 원해요!'라고 외치는지 귀 기울여보는 것이다.

"If it's not a HELL YES!
then it's a NO, THANKS!"

다시 말해 마음속에서 확실한 'YES'를 외치지 않는다면, 그게 바로 명확한 'NO'인 것이다.

일상에서 미니멀리즘을 추구한다면 '최고 좋다'라고 생각되는 초대에 응하거나 사안을 선택하자. 이런 두근거림이 없다면 아예 생각하지 말자. 마음속의 목소리를 경청하는 순간 하루의 순서가 간단명료해졌음을 느낄 것이다!

90% 선별법 활용해보기

이 방법을 통해 옷장을 정리해보자. 이미 완벽하게 정리된 옷장이라면 축하한다! 그런 경우라면 그 밖의 지저분한 부분에 이 방법을 활용해볼 수 있을 것이다.

세 가지 선별 기준을 정한 후 세 가지 기준의 비율을 정해보자. 합한 값은 100이어야 한다.

내 경우 세 가지 기준은 다음과 같다.

'자주 입는가?' 40점,

'편한가?' 30점,

'보기 좋은가?' 30점

'기준'은 당신 스스로 정한다.

'몸매가 더 좋아 보이는가?'

'유행하는 스타일인가?'

'브랜드 밸류가 있는가?'

저마다의 기준이 다르다. 한 가지 주의할 점은 그 기준이 세 가지를 넘어서는 안 된다. 다음의 빈 공간에 당신의 옷들에 대한 점수를 매겨본 후 합산해보자. 반드시 총점이 90점 이상이어야만 다시 옷장에 넣을 수 있다.

감정을 배제하고 한번 시도해보자. 이 방법은 더 쉽게 당신의 생활공간을 정리해줄지도 모른다. 옛것이 지키고 있다면 새것은 결코 올 수 없다!

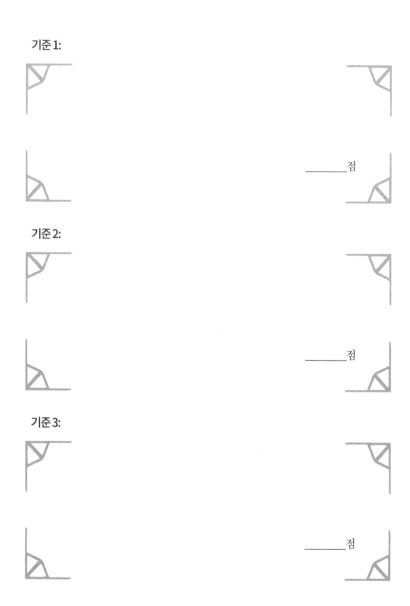

기준 1:

_____점

기준 2:

_____점

기준 3:

_____점

합산 점수:__점

* 이 페이지를 복사해서 이외의 선별 연습에 활용할 것을 제안한다.

15

똑똑하게 거절하는 법

짐 캐리의 〈예스맨〉 주인공은 늘 'YES'를 입에 달고 살며 생활은 언제나 신선하고 다채롭다. 현실에서 누군가의 요구에 'YES'만 외친다면 삶이 쉽지 않을 텐데 말이다. 그렇다면 어떻게 거절해야 할까? 이를 위해선 용기뿐만 아니라 기술도 필요하다.

매사 "좋아"라고만 답한다면 자신은 점점 '좋지 않을'지도 모른다.

많은 이가 '좋은 사람'인지라 남의 부탁을 쉽게 거절하지 못한다. 실제로 "아니요"라고 말하기 위한 기술 역시 연습이 필요하다.

어째서 '아니요'라는 말은 그리도 힘들게 느껴질까? 근본적으로 생각해보면 상대방을 실망시키고 싶지 않은 마음에서부터 출발할 것이다. 본능적으로 친구, 부모, 지인 혹은 사장에게까지 실망감을 안기고 싶지 않다 보니 그들의 요구나 부탁에 "예스"라고 말하는 것이다.

그러나 당신 입장에서는 다소 불편한 일에 대해 "예스"라고 한 경우

며칠, 몇 주 혹은 몇 달이 지나 후회할지도 모른다. 그러나 "아니요" 하고 거절한다면 잠시 불편하겠지만, 그러고 나면 그만이다.

당신의 '예스'에 상대방은 기대하게 마련이다. 그렇다 보니 혹여 기대만큼의 성과가 없으면 상대방은 오히려 더 크게 실망한다. 어떡하면 명확하고 용감하게 거절할 수 있을까? 당장의 거절에 상대방도 실망하겠지만 시간이 흐르고 나면 자신들의 입장까지 고민해보고 내린 결정임을 알 수 있을 것이다.

스스로 '결정'과 '관계'를 구분해야 한다는 점을 인지해야 한다. 가까운 사이라는 이유만으로 역부족인 일을 떠안을 필요는 없다. 부탁을 거절하는 일이 부탁하는 사람을 거절하는 일이 아님을 명심해야 한다.

이 밖에도 기회비용을 고려해야 한다. 시간이란 한정적인 만큼 취사선택이 매우 중요하다. 당신이 누군가의 부탁에 "예스"라고 답한 순간, '더 중요한' 무언가를 포기해야 한다.

물론 모든 일에 "아니요"라고만 한다면 너무 직선적이고 매정하다는 느낌을 지울 수 없다. 그래서 나는 이런 부담을 조금이나마 덜고자 몇 가지 방법을 고민해보았다.

1. 시간의 여유를 갖자.

누군가에게 초대를 받았을 때 어떻게 해야 할지 모르겠다거나 거절로 말미암아 껄끄러워지는 상황을 피하고 싶다면 이렇게 말해볼 수 있다.

"우선 스케줄을 봐야 할 것 같네요. 중요한 일이 있었던 것 같아서요. 확인 후에 말씀드릴게요."

이렇게 말하고 나면 곤란한 상황을 피할 수 있고, 시간적으로나 공간적으로 좀 더 여유 있게 고민해볼 수 있다.

2. 상대방에게 선택권을 주자.

예를 들어 사장이 어떤 임무를 맡길 때 정말로 시간이 없다면 이렇게 말할 수 있다.

"네, 사장님. 저도 이 일에 최선을 다하고 싶습니다. 하지만 제가 처리할 업무가 A, B, C가 있습니다. 제 생각에도 이 새로운 프로젝트에 더 집중해야 할 것 같습니다. 사장님도 살펴보시고 새로운 안에 대해 집중하기 위해서 제가 어느 부분을 하지 않아도 좋을지 말씀 부탁드립니다."

3. 다른 방안을 제시하자.

당신이 원하는 일을 말할 수 있다. 예컨대 "이 안건에 대해 의견과 방향을 제시해볼 수 있습니다" 하면서 다른 사람을 돕고 싶은 의지를 표현하자. 절대 자신이 그 임무를 완수하겠다고 말해선 안 된다. 혹은 도울 사람을 연결시켜줄 수도 있다.

"정말 도와드리고 싶지만 시간이 나질 않을 것 같네요. B 선생님한테 여쭤보시는 건 어떨까요? 예전에 이 일에 상당히 관심이 있다고 말했던 것 같은데요."

흥미는 있지만 지금 당장 시간이 없다면 이렇게 말하자.

"돕고 싶은 마음은 굴뚝같지만 빨라도 다음 달에나 가능할 것 같습니다. 꼭 제가 필요하다면 기다려주실 수 있겠습니까?"

거듭 말하지만 "아니요"라고 말하는 데는 용기도 필요하고 연습도 필요하다. 하지만 시도해보고 나면 생각보다 어렵지 않다. 끝으로 당신은 더 많은 시간을 활용할 수 있고 '생각할 시간'을 가질 수 있다. 더불어 늘 마음에 두고 실행에 옮기지 못했던 꿈들을 실제로 발전시켜 나아갈 수 있다. 그런 당신이 된다면 삶 자체가 완전히 달라질 것이다. 매 순간을 바라보는 시선 속에 담겼던 근심과 염려는 사라지고, 착실히 쌓여가는 기쁨과 희망만이 차오를 것이다.

이것이 바로 내가 바라는 바다.

11장에서 15장까지 하나하나 습득하고 연습해왔다면 관성적 관념이 바뀌었을 것이다. 또 이런 기법이 일상이 되면서 스스로의 새로운 면모에 감탄하게 될 것이다. 물론 오랜 습관을 바꾼다는 게 결코 쉬운 일이 아님을 나 역시 잘 알고 있다. 다음 장에선 우리의 정력과 체력을 바꿔보자.

Good luck!

◎ **Say No! 세 가지만 기억하자.**

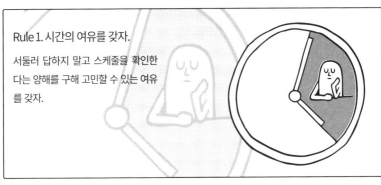

Rule 1. 시간의 여유를 갖자.

서둘러 답하지 말고 스케줄을 확인한
다는 양해를 구해 고민할 수 있는 여유
를 갖자.

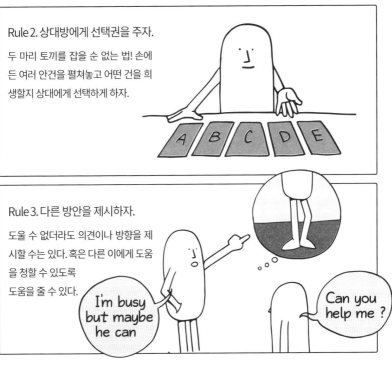

Rule 2. 상대방에게 선택권을 주자.

두 마리 토끼를 잡을 순 없는 법! 손에
든 여러 안건을 펼쳐놓고 어떤 건을 희
생할지 상대에게 선택하게 하자.

A B C D E

Rule 3. 다른 방안을 제시하자.

도울 수 없더라도 의견이나 방향을 제
시할 수는 있다. 혹은 다른 이에게 도움
을 청할 수 있도록
도움을 줄 수 있다.

I'm busy
but maybe
he can

Can you
help me ?

- 'NO'를 하려면 용기와 연습이 필요하다.
- 여러 번 거절하는 것보다 진심으로 '노'를 말하는 게 오히려 훗날 함께할 가능성을 높일 수 있다.
- 생각할 여유가 있다면 나를 위한 무언가를 할 수 있고 희망도 생긴다.

Action Practice 15
'NO'를 말하는 것도 자신을 사랑하는 방법이다

얼마 전 친구와 함께한 인터뷰에 응했다. '자신을 사랑하는 법'에 대한 친구의 답은 내게 깊은 인상을 남겼다.

"자신을 사랑하는 것은 자신의 한계를 명확히 알고, 그 한계를 지키며 남들과의 가식적인 조화를 이루려고 하지 않는 것입니다."

우리 대부분은 자신의 한계를 잘 알지 못한 채 허황된 욕심만 생각하며 내면적으로 또 외면적으로 갈등을 겪으며 고통스러워한다. 그래서 나는 스스로 '한계'를 정해볼 것을 제안한다.

내 생활은 여러 일이 복합적으로 쌓여 있어 불균형한 상태다. 줄곧 일한다는 평계로 나머지 한구석은 무시하고 아이들에게는 소홀했다. 나는 스스로 저녁 7시부터 9시까지는 스마트폰을 받지 않고 아이들에게만 몰두하기로 다짐했다. 아이들에게 만약 아빠가 이 다짐을 어긴다면 아빠를 때리더라도 화내지 않겠노라 약속했다. 그리고 얼마 후 눈에 넣어도 안 아플 두 녀석에게 맞고 말았다(물론 웃으며 살살 때리긴 했지만)!

한계와 목표는 다른 이야기다. '나는 1년에 책 한 권을 쓰겠다'는 게 목표이지, 한계는 아닌 것처럼 말이다. 자신의 한계를 지킬 충분한 용기가 있어야만 허황된 욕심을 이루려는 생각에서 벗어날 수 있고 훗날 밀려올 후회에서도 자유로울 수 있다.

우리는 '지금의 결정'과 '인간관계'를 분리해서 생각해야 한다. '부당하고, 돌발적이며, 불합리한' 요구를 거절할 수 있고, 나아가 '인정에 휘둘리지 않고 가까운 사이라도 분명히 거절할 수 있는' 연습을 통해 더 이상 감정적으로 피동적인 위치에 놓이지 말아야 한다. 이번 장에는 당신의 '한계'를 고민해보길 바라는 내 바람이 담겨 있다. 나를 예로 들어보면 다음과 같다.

1. 저녁 7시부터 9시까지는 가족과의 시간, 스마트폰을 꺼둔다면 아무도 찾을 수 없다.

2. 일요일은 절대적으로 가족과 함께하는 날이다. 식구들과 좋은 시간을 보내야 한다.

3. 나라님보다 중요한 게 끼니다. 식사 시간에는 반드시 식사를 한다.

4. 아침 7시 30분까지는 생각의 시간이다. 누구도 방해할 수 없다(긴급한 상황은 제외).

자신의 한계를 생각하라

자신이 규정한 한계를 세 가지 이상 생각해보고, 잘 지켜지고 있는지 살펴보자.

한계 1:

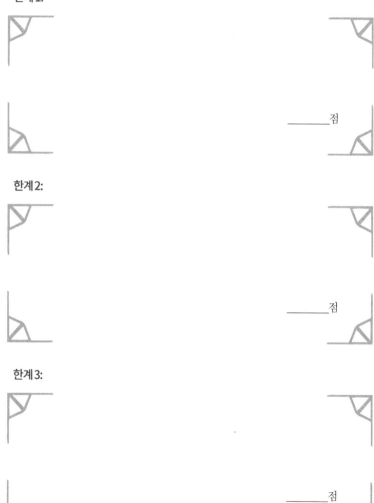

_____점

한계 2:

_____점

한계 3:

_____점

Step
4
몸의 에너지를
제어하라

WORK HARD

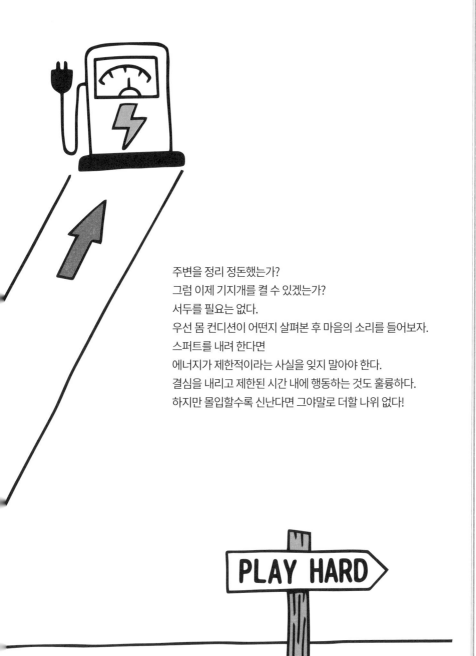

주변을 정리 정돈했는가?
그럼 이제 기지개를 켤 수 있겠는가?
서두를 필요는 없다.
우선 몸 컨디션이 어떤지 살펴본 후 마음의 소리를 들어보자.
스퍼트를 내려 한다면
에너지가 제한적이라는 사실을 잊지 말아야 한다.
결심을 내리고 제한된 시간 내에 행동하는 것도 훌륭하다.
하지만 몰입할수록 신난다면 그야말로 더할 나위 없다!

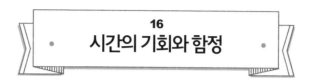

16

시간의 기회와 함정

꼬마에서 어른이 된 지금까지 살면서 한 번쯤은 생활계획표라는 걸 짜보았을 것이다. 언제, 무엇을 해야 할지를 계획하고, 하나가 끝나면 또 하나가 꼬리를 문다. 설령 피곤하더라도 버티고 또 버텨내야 한다. 그런데 에너지가 소모되면서 어쩌면 곧 시간의 함정 속에 빠져들지도 모른다.

매일매일의 시간관리보다 더 중요한 건 정신적 에너지를 관리하는 일이다. 에너지를 관리한다는 건 무슨 의미일까? 우선 다음 사례를 살펴보자.

감옥에 갇힌 세 명의 죄수, 모두 법정에서 재판을 받고 가석방되길 바라고 있다.

결과적으로 한 명만 가석방되었다. 누구일까?

죄수 1	죄수 2	죄수 3
사기죄 30개월 복역 재판 시간	상해죄 15개월 복역 재판 시간	사기죄 30개월 복역 재판 시간
08:50	15:00	16:30

바로 첫 번째 죄수이다.

그 이유가 꼭 사건과만 연관된 것은 아니다. 그 배후에 숨겨진 아주 강력한 힘이 법관의 기분과 태도에 상당한 영향을 끼쳤다. 무엇일까? **답은 바로 시간, 즉 재판이 진행된 때이다.**

미국 스탠퍼드대학교와 이스라엘 벤구리온대학교의 두 교수는 천여 건의 판결 결과를 분석한 통계를 토대로 재판이 진행되는 시간과 재판 결과가 아주 밀접한 연관이 있음을 밝혀냈다. 오전에 개정한 뒤 얼마 지나지 않은 시각에 재판을 받은 죄수 중 70% 정도가 가석방된 반면, 오후에 재판을 받은 죄수 중 가석방된 비율은 고작 10%밖에 되지 않았다. 그 이유는 무엇일까?

'공정한 재판'은 뇌의 상당한 에너지를 쏟아내야 하는 일이다. 하루를 시작하는 오전에는 법관의 정신 상태가 좋다. 따라서 비교적 완벽한 사고를 할 수 있다. 하지만 재판 시간이 점점 늦어질수록 법관은 '의사결정 피로(Decision Fatigue)' 상태에 더 쉽게 빠질 수 있다. 법관의 뇌가 생각하는 속도는 점점 느려지고, 그 범위도 좁아지면서 차츰 인내심을 잃는다. 특정 사건에 대해 좋지 못한 느낌을 가지고 있었다면, "No"라고 할 경향이 많아지는 것이다. 비록 법관 자신은 공정한 재판을 한다고 믿겠지만 실상은 이미 편견에 사로잡혀 있는 것이다.

의사결정 피로는 우리 모두에게 일어날 수 있다. 사이 좋은 젊은 커플이 바쁜 하루를 끝낼 무렵에는 별거 아닌 일로 다투고, 나도 모르게 비싸기만 하고 쓸모없는 물건들을 사들인다. 또 깊은 밤 야식의 유혹을 뿌리치지 못하고, 길고 긴 회의를 했는데도 또다시 무언가를 결정해야 한다. 왜일까?

우리가 평소 얼마나 현명하고 지혜로운지와 상관없이 그 누구라도 컴퓨터처럼 늘 100%의 뇌 역량을 발휘할 순 없기 때문이다.

의사결정 피로에 대해 심도 있게 연구한 심리학자 로이 바우마이스터(Roy Baumeister)는 인류의 지혜는 '심리적 에너지 시스템'이라고 말했다. 즉, 우리가 생각하고 결정을 내리며 자기 조절을 할 때 바로 이 '심리적 에너지 시스템'을 활용하는데, 이것이 바로 우리가 말하는 의지력이다.

일반적으로 몸이 느끼는 피로도는 매우 직접적인 느낌인 것과 달리 '의사결정 피로' 혹은 '정신적인 피로'는 쉽게 의식하지 못한다. 설사 의식했더라도 무심코 지나쳐버리거나 '조금만 버티면' 괜찮아진다고 느낀다. 하지만 부지불식간에 그로부터 비롯된 영향이 나타나고 만다.

우리의 하루는 각양각색의 수많은 결정으로 가득 차 있다. 이른 아침 옷을 입고, 시장에서 가서 과일을 사고, 또 영화를 보러 가는 매 순간 결정을 내려야 하지만, 그렇다고 해서 큰 무언가가 소모된다고는 생각되지 않는다. 그런데 이 모든 결정은 일정한 에너지를 필요로 하고, 그와 함께 피로도가 누적되면서 '심리적 에너지 시스템'도 소모된다.

어느 마트에 가나 계산대 앞에는 사탕 같은 간식거리들이 진열되어 있다. 왜 그렇게 배치한 걸까? 매장을 돌며 이미 많은 선택을 한 후 계산대 앞에 섰다면 의지력이 많이 떨어졌을 테니 간식거리들의 유혹을 쉽게 뿌리칠 수 없을 거라는 계산에서 나온 결과다.

이 점을 이해했다면 자신의 생활 습관을 좀 더 잘 설계할 수 있을 것이다. 예컨대 중요한 결정을 내려야 한다면 정신적 컨디션이 가장 좋은 시기에 내리는 것이다. 일찍 일어나는 습관을 기르고 싶다면 잠들기 전 옷가지를 미리 챙겨두는 것도 좋은 방법이다. 이렇게 하면 어울리는 옷을 찾느라 아침부터 허둥댈 가능성은 줄어들 테니까. 많은 사람이 고르다, 고르다 지쳐 침대로 가기도 하니까.

한 가지 주목해야 할 점은 많은 결정이 '잠재의식' 속에서 이뤄진다는 사실이다. 한 연구에 따르면 대부분의 사람이 잠재의식 속에 민족에 대한 선입견을 가지고 있지만 드러내놓고 차별하지는 않는다. 그 원인은 이성적인 뇌가 이런 편견을 억누르고 있기 때문이다. 하지만 이성적으로 민족에 대한 편견이 없다고 굳게 믿었던 사람이라도 피로가 누적되면 잠재의식 속 편견을 그대로 드러낸다[11].

옳은 시간, 옳은 일

이 장을 다 읽었다면 '정신 상태'가 자신에게 미치는 보이지 않는 영향력을 의식할 수 있어야 한다. 이와 함께 하루 동안의 정신 상태의 기복을 체크하여 그에 알맞은 이성적인 계획을 세울 수 있어야 한다.

나 자신을 관찰해본 결과 내 경우는 아침에 가장 좋고, 오후에는 침체된다. 그리고 저녁이 되면 다시 좋아진다. 따라서 나는 뇌의 에너지가 많이 소모되고 어려운 일일수록 아침에 처리하려고 노력한다. 이와 반대로 반복적으로 나타나고 지엽적인 행정 문제들은 오후로 미뤄둔다. 저녁에는 영감이 떠오르면 빠르게 기록해두고 내일 아침 편집할 몫을 남겨둔다.

다음의 문제에 답하면서 자신의 정신 에너지를 살펴보자.

Ready
Go!

정신 에너지에 관한 빠른 문답

Q: 하루 중 언제 가장 쉽게 피로를 느끼는가?

A:

Q: 하루 중 언제 가장 집중하기 어렵고 참기 힘든가?

A:

Q: 하루 중 언제 정신 상태와 컨디션이 가장 좋은가?

A:

이와 함께 가장 좋은 컨디션일 때 중요한 업무를 하고, 의사결정 피로의 함정에 빠지지 않을 스케줄을 계획해보자.

17

당신의 결정을 파헤쳐보자

당신은 정책 결정자인가? 성급히 "아니요"라고 말하지 말자. 그저 '직진'만 하는 이 단순한 동작도 뇌의 주도하에 눈과 귀, 발걸음이 지형의 높낮이와 주변의 행인들이라는 온갖 요소를 고려하여 갖가지 미세한 조정을 통해 얻어진 결과물이다. 직선만 유지한다고 될 일이 아니다. 넘어지지도, 뒤로 가시도 않노록 수전수만 가지의 미세한 결정이 모여 가능해진 일이니까.

앞 장에서 우리는 '의사결정 피로'와 이것이 우리의 의사결정과 의지력에 미치는 영향을 알아보았다. 로이 바우마이스터의 연구에 따르면, 의지력은 근육과 마찬가지로 사용할수록 피로해지며 결정에 필요한 사고 과정 역시 의지력을 소모시킬 수 있다. 결정의 과정이 복잡해지면 의지력 역시 그만큼 더 많이 소모된다.

더 나은 사고방식을 한다면 더욱 과감하고 올바른 결정을 내리는 데 도움 될까? 이는 또 훈련을 통해 향상시킬 수 있을까?

그렇다! 그럼 먼저 뇌가 결정할 때의 사고 과정을 살펴보자. 이 장에서 내가 소개하고자 하는 것은 심리학의 '루비콘 모델(Rubicon Model)'이다.

이 대단한 이름만으로도 이 모델의 배후에 어떤 사연이 있을지 추측해볼 수 있을 것이다.

기원전 49년, 카이사르는 갈리아를 정복한 후 기세등등하게 루비콘강을 건넜다. 당시 로마제국의 법률은 어떤 장군도 군대를 이끌고 루비콘강을 건널 수 없고, 지키지 않는 경우 반란으로 여긴다고 규정하고 있었다.

이때 카이사르는 깊은 고민에 빠졌다. 군대를 대동하지 않고 강을 건넌다면 로마제국에서 자신은 정적의 공격을 받을 것이 뻔하고, 군대를 이끌고 로마제국으로 진입한다면 내전이 발발할 게 뻔했기 때문이다. 막료들과 논의를 거친 카이사르는 최후의 결정을 하며 명언을 남겼다.

"주사위는 이미 던져졌다!"

결국 카이사르는 군대를 이끌고 파죽지세로 진격해 정적을 무찌르고 로마를 공격했다.

영어로 'Crossing the Rubicon'은 '되돌릴 수 없는 결정을 하다'라는 의미로, '루비콘 모델'의 정수를 명확히 보여준다. 이 모델에 따르면 결정 과정은 세 단계로 나눠볼 수 있다.

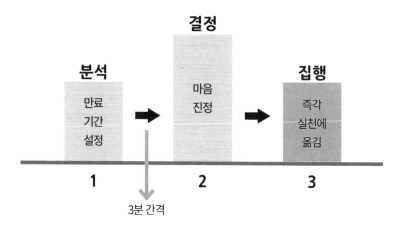

첫 번째 단계는 '결정 전 분석'이다. 가능성 있는 모든 상황의 손익을 분석하여 시뮬레이션한다.

두 번째 단계는 '결정 진행'이다. 분석한 결과를 토대로 방법을 선택해 최후 결정을 한다.

세 번째 단계는 '결정 후 집행'이다. 카이사르의 경우 실제로 강을 건넌 것은 그의 결정에 따른 행동이었다.

의지력이 가장 많이 소모되는 건 어느 단계일까? 실험 결과에서는 '결정 진행'의 단계인 것으로 나타났다. 비록 결정 자체가 오랜 고민이 필요한 것은 아니지만 '결정 전 분석'과 '결정 후 집행'보다 피로도가 높았다!

우리는 세 단계를 통해 자신을 되돌아볼 수 있다. 많은 사람이 결정하기에 앞서 꽤 오랜 시간 고민을 한다. 이렇게도 생각해보고 저렇게

도 생각해보며 그래도 맞다고 판단되면 옳은 결정이라고 여긴다. 그러는 동안 정신 에너지는 상당량 소모된다. 그러나 의지력을 동원하여 결정한 뒤에도 다시 이내 후회하며 잘못된 결정은 아닌지 걱정한다. 이는 자신을 괴롭히는 일일뿐더러 효율성도 떨어진다.

나는 전형적인 천칭자리처럼 무슨 일이든 아주 오랜 시간 고민하고 결정을 내리지 못했다. 하지만 나는 '루비콘 모델'을 학습한 이후, 이런 오랜 고민과 결정 장애가 아주 많은 정신 에너지 낭비임을, 이 소중한 에너지는 가장 중요한 곳에 써야 함을 깨달았다. 그래서 나는 '루비콘 모델'을 단계별로 명확히 구분해보기로 마음먹었다.

우선 '결정 전 분석' 단계에서 한 가지 일에 몰두했다. 자료를 수집하고 명확한 기한을 정했다. 여기에는 모든 평가, 독서, 인터넷 검색, 토론, 의견 수렴이 포함된다. 그러나 나는 어떤 결정도 하지 못했다. 순수하게 정보만 모았고 기한이 지나자 즉각 멈추었다. 기한을 정하지 않았다면 영원히 끝내지 못했을 것이다.

이어서 '결정' 단계에 들어갔다. 물론 결정 기한을 정했다. 결정하기에 앞서 눈을 감고 수양해야 한다. 단 1분이어도 괜찮다. 최대한 이 결정에 관한 내용을 잊고 자신을 비워야 한다. 좋은 방법은 3초간 들이마시고 3초간 내뱉으며 20회 정도 심호흡을 하는 것이다. 이 시간을 다더하면 180초로 약 3분가량이다. 이는 뇌에 잠시나마 휴식을 주고 충전할 여유를 준다. 매시간 일정 간격으로 이런 여유를 제공한다면 당신의 뇌가 결정 과정에서 정전되거나 충동적이거나 편견에 빠진 결정을 하는 일은 없을 것이다.

마지막으로 카이사르의 명언, '주사위는 이미 던져졌다!'를 기억하

라. 일단 결정했다면 더 이상 주저하지 말고 행동에 나서라. 뇌의 역량을 가장 많이 소모시키는 요인은 다름 아닌 '걱정'이다. 이미 결정했다면 정신적 에너지는 결정 이후에 벌어지는 일들을 관찰하고 대응하는데 쏟아부어야 한다. 이때까지도 마음이 산만하다면 뇌 역시 이에 얽매여 계속 에너지를 소모하고 결국 근심, 불면증, 정신 산만 등으로 심신이 피폐해질 수 있다.

가령 재즈 가수가 공연하는 내내 '어머나, 이 부분을 틀린 건 아닐까? 듣기 싫었으면 어쩌지?' 하는 걱정만 한 나머지 정작 자신이 해야할 일에 몰두하지 않는다면 훌륭한 공연이 될까? 가수라면 연주자들과 합을 맞추며 아름다운 선율을 만들어내야 하는데 말이다.

사실 우리의 일상도 즉흥연주와 다르지 않다. 망설임으로 초래되는 근심은 에너지만 갉아먹을 뿐이다. 충분히 생각했고, 충분한 자료도 찾았다면 결정을 내려라! 그리고 행동하라. 앞으로 나아가기 위해 에너지를 할애하는 것이야말로 올바른 정신관리법이다.

결정 과정 역시 매우 중요하다

결정을 내리는 일은 상당한 정신 에너지를 소모시킨다. 이성적인 분석 외에도 자신의 느낌 또한 고려해야 하는 일인 만큼 말이다. 특히 자신에게 익숙한 분야를 판단하는 경우라면 최초의 '직감' 역시 충분히 참고할 만하다.

결정 과정에서 자신에게 '이 결정이 마음에 드는가? 제대로 알고 있는가? 결정한 후에 행동을 취했는가?'와 같은 질문을 던져보고, 결정을 내릴 기한을 정해야만 정신이나 시간의 불필요한 낭비를 막을 수 있다.

다음은 '루비콘 모델'이다. 아주 사소한 결정부터 적용해보고자 한다. 예컨대 '어느 식당에서 친구와 식사할 것인가?'에 대해 결정을 내리는 데 적용해본다면 당신은 "이렇게 사소한 일에 무슨 고민이 필요해?"라고 말할지도 모른다. 하지만 이것이 바로 우리에게 연습이 필요한 이유다. 모든 결정 과정에 주의를 기울인다면 시간이 흐른 뒤에 당신이 처리한 일들은 명료하게 정리될 것이고 소모적인 문제도 줄어들 것이다.

예시

첫 번째 단계: 준비

내가 할 결정은: 친구와 식사할 식당 선택
_____

이 문제에 답하기 위해서 내가 모아야 할 자료는:

교통편, 맛집 리스트
_____

나는   목요일   전에 이 단계를 완료해야 한다.
      _____

두 번째 단계: 결정

내 결정은 :   지난달 방문했던 한식당
_____

이 결정에 대한 내 느낌은:

친구와 맛있는 음식을 먹을 수 있다는 기대감
_____

나는   목요일   전에 이 단계를 완료해야 한다.
      _____

세 번째 단계 : 집행

결정에 따라 내가 해야 할 행동은: 식당 예약
_____

나는   수요일   전에 이 단계를 완료해야 한다.
      _____

'작은 결정' 연습

첫 번째 단계: 준비

내가 할 결정은: _____

이 문제에 답하기 위해서 내가 모아야 할 자료는:

_____

나는 _____ 전에 이 단계를 완료해야 한다.

두 번째 단계: 결정

내 결정은: _____

이 결정에 대한 내 느낌은:

_____

나는 _____ 전에 이 단계를 완료해야 한다.

세 번째 단계: 집행

결정에 따라 내가 해야 할 행동은: _____

나는 _____ 전에 이 단계를 완료해야 한다.

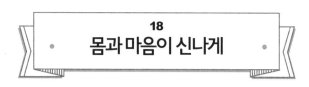

우리 몸의 에너지가 연못처럼 쓰면 쓸수록 줄어들고, 휴식을 취한 이후에 다시 차오른다면 어떨까. 당신에겐 '마르지 않는' 연못이 있는가? 이번 장에서는 의지력을 강화하는 세 가지 팁을 알려주겠다.

앞서 우리는 '의지력'이 결정 앞에서의 망설임에 밀린다는 사실을 확인했다. 의지력은 한정적인 에너지를 사용하고 나면 소모될 수밖에 없다. 뇌의 에너지와 몸의 에너지는 아주 밀접하게 연관되어 있다. 그래서 의사결정 피로를 느끼면 몸의 맥도 풀리고 나른해지면서 아무것도 하기 싫어진다. 마찬가지로 몸이 피곤하면 뇌 역시 빛을 발하지 못한다.

의지력을 단련하고 싶은가? 그렇다면 몸과 마음을 함께 단련해야 한다.

의지력 강화를 위한 첫 번째 방법은 운동이다. 운동은 몸에 좋을 뿐만 아니라 뇌의 도파민 분비를 촉진시켜 몸을 편안하게 하고 정서적 안정을 도모한다. 최근의 뇌 연구에서는 운동이 뇌를 개조시킬 수 있다는 사실까지 밝혀졌다. 장기적으로 규칙적인 운동을 할 경우, 뇌는 새로운 뉴런을 만들어서 기억력을 증진시킬뿐더러 깊이 있고 논리적인 사고를 하는 영역도 확장시킬 수 있다는 것이다.

반면 운동을 중단하고 소파에만 앉아서 일주일을 보내면 운동으로 얻은 장점들이 뇌에서 사라지기 시작한다니 얼마나 무서운 일인가! 게으름병이 돋으면 뇌 건강을 위해서라도 지속적으로 운동해야 한다는 사실을 명심하자.

의지력 강화를 위한 두 번째 방법은 '노는 것'이다. 잘 '놀아야' 뇌의 창의성과 적응력이 올라간다. 노는 것만큼 우리 뇌를 활성화할 요소는 없다. 효율을 강조하는 본질주의자들 역시 노는 즐거움이 가져오는 효과는 인정한다. 노는 즐거움은 미처 발견하지 못한 우리의 가능성을 끄집어낼 수 있다. 사람들은 노는 즐거움을 통해 이 책의 01장에서 05장까지의 개념들처럼 도전과 탐색을 통해(자아의 내면이든 외부 세계에 대해서든) 더 많은 것을 볼 수 있다. 그뿐만 아니라 노는 즐거움은 스트레스를 푸는 데 최고다. 매일 일하면서 얻는 스트레스는 업무 능력을 떨어뜨린다. 하지만 노는 즐거움이 있다면 우리의 몸은 자연스러워질 것이고, 뇌도 스트레스를 받지 않을 것이다. 물론 노는 즐거움이 '일을 하지 않는' 핑계가 될 순 없다. 적당한 노는 시간은 다른 방법으로 당신의 뇌를 움직인다. 예컨대 바둑, 카드, 모형 만들기 등과 같이 말이다. 사고방식의 전환은 뇌의 유연성 유지에 유익하다.

그런 만큼 운동부터 노는 즐거움까지 하루의 정신 에너지를 조절하는 방법을 고심해서 하루 일과를 짜야 한다.

마지막으로 의지력 강화를 위한 방법은 '먹는 것'이다. 혈당은 대뇌의 기능과 운영 모델에 영향을 준다. 혈당이 낮을 때는 충동을 억제하기 어려워지고, 장기적인 안목으로 사고할 수가 없다. 다시 말해 의지력 역시 그 영향을 받을 수밖에 없다. 일단 뇌에 충분한 혈당이 공급되면 뇌는 살아난다. 이는 연구 결과로 확인되는데, 매우 중요한 일을 하는 과정에서 의지력이 결핍되었을 때 약간의 당분을 섭취해주면 그 맛과 상관없이 의지력이 일시적으로 향상되었다. 도박꾼들이 도박판에서 초콜릿을 먹는 것도 이런 과학적 근거를 바탕으로 한 것이다12.

그렇다고 해서 계속 설탕을 먹으라는 건 아니다. 다만 생리적인 관점에서 섭취해야 할 음식의 칼로리를 스스로 인지하고, 최대한 안정적이고 균형적인 상태를 유지하기 위해 다양한 음식을 고르게 섭취하여 뇌의 혈당 농도를 안정적으로 유지해야 한다는 의미다. 한참을 굶고 난 후 허겁지겁 먹으면 갑자기 극도로 흥분했다가 가라앉게 된다. 이런 상태가 장기간 지속된다면 몸에 부담을 줄 뿐만 아니라 당뇨병을 유발할 수 있다.

바우마이스터는 다년간의 연구를 통해 훌륭한 결정을 내리는 것이 영원히 지속되진 않는다는 결론을 얻었다. 정말로 현명한 판단을 하는 사람들은 그들의 의지력을 유지하면서 회의감이 드는 요소들을 피하고, 좋은 습관을 길러 의지력이 쓸모없이 낭비되는 걸 막는다. 지혜로운 사람일지라도 피로가 쌓이고 혈당이 저하되면 올바른 결정을 할 수 없다. 따라서 그들은 새벽 4시에 핵심적인 전략을 세우거나 술을 마시면서 중대한 결정을 내리지 않는다. 만약 저녁 11시에 결정해야 한다면 절대로 공복 상태가 되지 않도록 한다.

운동이든, 노는 것이든, 먹는 것이든 모두 적당한 시간과 양이 있다. 마치 업무와는 무관해 보이지만 사실은 매우 중요한 일이다. 이는 건강만 개선하는 것이 아니라 업무적으로도 올바른 판단을 하는 데 유익하게 작용한다.

Action Practice 18
의지력 강화,
오늘부터 시작

아직도 정신 에너지의 관리가 부족한 당신이라면 오늘부터라도 시작할 것을 제안한다! 하루 동안의 정신 상태를 기록하고 언제 무엇을 먹었는지, 또 운동했는지 등을 꼼꼼히 적자. 자신의 심신 상태를 신중히 기록하는 것은 좀 더 나은 신체 에너지를 만들어내는 데 큰 도움이 된다. 스마트폰에 알람을 맞추고, 매시간(물론 잠잘 때는 하지 않아도 좋다) 알람이 울릴 때마다 자신의 '바로 지금' 정신 에너지(최고 10에서 최저 1)를 칸에 기입한다. 예컨대 오전 11시에 알람이 울리면 정신 상태를 기입하고, 하루가 마무리된 후에 매시간의 상태를 선으로 연결한다. 그러면 당신의 정신 상태 추적표가 만들어지는 것이다! 일주일 동안 계속하면서 뚜렷한 추이가 있는지 살펴보자. 가령 몇 시쯤 정신 상태가 특히 좋은지, 또 언제 가장 나쁜지, 어떤 시기에 뚜렷한 기복이 나타나는지 등을 보는 것이다.

아래의 그림은 나의 '개인 에너지 추적표'이다. 다음 페이지의 비어 있는 칸에 자신의 정신 에너지 추이를 그려보자.

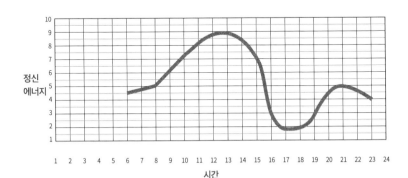

사용 방법:
1. 매 시각 알람을 설정해놓는다.
2. 매 시각의 정신 에너지를 기록한다.

10점: 정신이 맑고 집중력이 높다.
(1~10점) 1점: 정신이 산만하고 우울하다.

164

개인 에너지 추적표

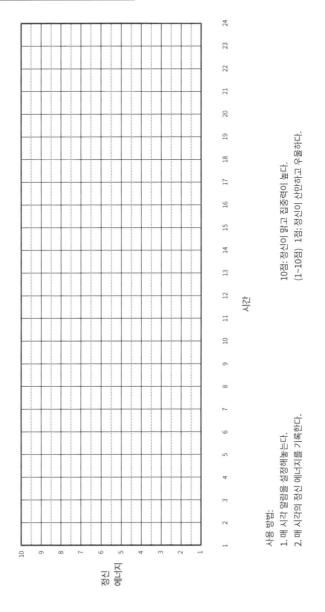

정신
에너지

시간

사용 방법:
1. 매 시각 알람을 설정해놓는다.
2. 매 시각의 정신 에너지를 기록한다.

10점: 정신이 맑고 집중력이 높다.
1점: 정신이 산만하고 우울하다.
(1~10점)

19
자기 무덤을 파지 말자

옛말에 먼 길을 가려면 쉬어 가라고 했다. 과로 시대에 살고 있는 우리는 한정된 시간 내에 더 많은 일을 욕심부리다가 결국 제풀에 지쳐 쓰러지고 만다. 이는 훌륭한 시간관리가 아니다. 더 이상 내 몸을 '망가뜨리지' 말고 '뽀모도로 타이머'를 이용하여 업무와 휴식의 밸런스를 맞춰보자.

제2차 세계대전이 발발했을 당시, 미국 내 작가들은 문학 운동을 일으켰다. 그들 대부분은 세상을 업신여기는 방탕한 영혼의 소유자들로, 비트제너레이션(Beat Generation)이라고 불렸다. 그중 대표 작가로 꼽히는 잭 케루악(Jack Kerouac)은 창작에 온 힘과 에너지를 쏟은 결과 3주라는 짧은 시간 만에 수백 페이지에 달하는 소설 《노상(路上)》을 완성했다.

그 후 케루악은 간경화로 정맥류상종창이 생겼고, 과다 출혈로 수술 뒤 의식을 회복하지 못한 채 결국 향년 47세로 세상을 떠났다.

젊은 시절의 나는 창작이란 반드시 깊은 밤 인적이 드문 시간에 담배 한 개비와 커피 한 잔의 힘을 빌려야만 비로소 가능한 일이라고 생각했다. 더불어 오랜 시간 매진하고, 적게 쉴수록 좋다고도 말이다. 업무시간이 늘어나면 생산력은 필연적으로 증대된다. 그런데 우리가 한 가지 간과한 사실이 있다. 바로 '에너지'란 유한한 자원이라는 점이다. 정신 에너지가 소모되고, '의사결정 피로'가 느껴지는 상태가 되면 업무상 실수는 잦아지고, 충동적인 결정을 내릴 공산이 커지게 마련이다. 그뿐만 아니라 나무만 보고 숲을 보지 못하다 보니 많은 일을 했음에도 성과는 미미할 수도 있다.

과거 경영학에서는 '시간관리'를 특별히 강조했다. 그렇다. 시간관리는 매우 중요한 일임이 분명하다. 하지만 바쁜 일상에서 시간관리에만 얽매인다면 '시간관리만 잘하면 24시간 안에 더 많은 일을 처리할 수 있을 것'이라는 착각에 빠질 수도 있다.

시간이 흐르면서 나는 업무 중 적절한 휴식을 취할수록 아이디어가 줄어들기는커녕 오히려 더 안정적으로 잘 떠오른다는 사실을 알아차렸다. 통계에 따르면, 화이트칼라 직종들은 하루에 최소 87차례 이상 생각의 맥이 끊기는 경험을 한다. 다시 말해 업무에 집중하려고 해도 동료나 전화 혹은 메신저, SNS 등의 방해에서 자유롭지 못하다 보니 제대로 집중할 수 없다는 의미다.

실제로 최상의 집중력을 발휘한다면 세 시간 만에도 일반인이 여덟 시간 동안 해낸 업무를 해낼 수 있고 네다섯 시간만 집중하면 하루에 열두 시간을 들여도 하지 못한 일을 해낼 수 있다.

우리의 뇌는 집중과 휴식이 똑같이 중요하다. 그런데 우리는 종종 최선을 다해 일하는 것이 쉬지 않고 일만 하는 것이라고 착각하곤 한다. 오랜 시간 집중하려면 주위를 환기하고, 쉬어 가는 시간이 반드시 필요하다.

그렇다면 어떻게 집중과 휴식의 비율을 맞출 수 있을까? 혹시 뽀모도로 테크닉을 들어보았는가? 이는 이탈리아의 프란체스코 시릴로(Francesco Cirillo)가 발명한 기법이다. 이름이 뽀모도로인 이유는 시릴로가 토마토를 좋아해서가 아니라 바로 토마토 모양의 타이머(지금은 스마트폰을 사용해도 무방하다)를 사용한 데서 붙여진 이름이다.

뽀모도로 테크닉은 아주 간단하다. 우선 N분 후 알람이 울리도록 설정한 후 업무를 하면 된다. 이 시간 동안은 업무에만 집중하고, 스마트폰 메시지나 이메일 등 업무와 관련 없는 일은 관심을 꺼야 한다. 그리고 N분이 흘러 알람이 울리면 즉각 하던 일을 그만두고 휴식을 취해야 한다. 일한 만큼에 대해 약속한 휴식 시간을 '보상'해주는 시스템이다. 이 방법을 활용하면 쉽게 몰입할 수 있는 동시에 신경이 분산되는 것을 막을 수 있다.

최근 들어 뽀모도로 타이머 앱들이 많이 등장했다. 소프트웨어 회사인 데스크타임은 사용자들의 빅데이터를 분석한 결과 52분 업무 후 17분간 휴식이 가장 효과적인 비율이라고 밝혔다.

이 최신 데이터를 접한 후 나 역시 뽀모도로 타이머를 52분 업무 / 17분 휴식으로 재설정했다. 당신도 이 기본적인 비율로 시작해서 차츰 자신에게 맞는 비율로 조정해 나아가길 바란다.

소위 '휴식'이란 집에 돌아가거나 퇴근하는 것이 아니라, 말 그대로 휴식을 뜻한다. 당신은 일찍 퇴근하고 집에 가서도 여전히 스마트폰을 스크롤하고 있는 자신을 발견할 것이다. 우리는 유튜브로 동영상을 보는 행위는 뇌를 사용하지 않는 휴식인 듯 여기지만, 휴식의 핵심은 '어디에 있느냐'가 아니라 '무엇을 하고 있느냐'이다.

효율을 중시하며 숨 가쁘게 돌아가는 세상인 만큼 예전보다 더욱 '고품격 휴식'을 취할 필요가 있다.

품격 있는 휴식이란 무엇일까? 몸과 마음을 움직여 주위를 둘러보자. 온종일 컴퓨터 모니터 앞에 앉아 있는 일을 한다면 가장 훌륭한 휴식은 '운동'일 것이다. 비록 체력이 소모되겠지만 움직이지 않던 몸을 움직이면 늘 지나치게 많이 소모되었던 뇌 에너지가 잠시나마 여유를 부릴 수 있다. 이러한 변화는 당신의 몸과 마음의 밸런스를 맞추는 데 큰 도움이 될 것이다.

너무 피곤해서 움직일 기력조차 없다면 최소한 지친 뇌와 충혈된 눈이라도 쉴 수 있도록 영화나 SNS를 보지 말자. 충혈된 눈은 영상을 보면 볼수록 건조해질 수밖에 없다. 당신은 영화를 보며 '휴식'한다고 생각하지만 충혈된 눈은 이미 과부하에 걸려 지쳤다는 시그널을 보내는 것이다.

물론 역사적으로 세상에 널리 이름을 알린 수많은 예술가가 목숨을 다 바쳐 작품에 매진했다지만 훗날 그들은 어떻게 되었는가? 앞서 얘기했던 비트제너레이션의 대표 작가 케루악만 떠올려봐도 알 수 있다. 이런 질문을 하는 까닭은 위대한 예술가가 되는 법을 알려주려는 것이 아니다. 단지 당신이 오래오래 안정적이고 행복한 삶을 살길 바라는 마음일 뿐이다.

몸을 움직이면 뇌가 움직인다. 뇌가 움직이면 몸이 움직인다. 하루가 지나고 나면 당신의 몸과 뇌는 당신에게 말할 것이다. 이제 그만 자고 싶다고! 그럼 당신은 아이처럼 순순히 잠자리에 들어야 한다!

그런 당신에게 몸은 진심으로 고마워할 것이다.

나의 수면 사이클

90분은 신비한 시간 순환 단위이다. '업무 / 휴식'에 활용 가능한 것은 물론 수면에도 활용할 수 있다. 렘수면(Rapid Eye Movement Sleep, 약칭 REM Sleep: 빠른 안구 운동이 일어나는 수면 상태)에서 논렘수면(Nonrapid Eye Movement Sleep, 약칭 NREM Sleep: 뇌전도상에서 δ파와 같은 늦은 진동수의 뇌파가 우세하게 나타나는 시기의 수면을 말하며, 깊이 잠든 상태)에 이르기까지는 90분 정도가 걸린다.

따라서 이른 기상을 목적으로 계획표를 수정할 경우 평소보다 90분(하나의 단위)을 앞당긴다면 피로를 느끼지 못할 것이다. 최근 사용하고 있는 앱 Sleep Cycle의 경우 스마트폰을 침대 머리맡에 두면(비행 모드로 해두어도 상관없다) 앱이 내 호흡 소리를 분석하여 나의 수면 상태(내가 느끼기로는 꽤 정확하다)를 판단한다. 알람을 맞췄더라도 무조건 설정한 시간에 울리지 않고 설정한 시간의 30분 전후로 비교적 얕은 수면 상태일 때 알람을 울린다.

사실 깼다가 다시 드는 잠처럼 피곤한 게 없다. 수면 순환에 진입하고도 반도 채 못 자고 일어난다면 자면 잘수록 더 피곤해질 것이다.

아래의 QR코드를 스캔하거나 직접 연결하면 위의 앱을 내려받을 수 있다.

애플 버전

안드로이드 버전

휴식, 가장 어려운 자유

자신이 배터리로 변신한다면 분명 쉬면서 충전하고 싶을 것이다. 사실 휴식이란 내게도 가장 어려운 자유이다.

젊은 시절에는 나 역시 밤도깨비였다. 글을 쓸 때면 자지도, 쉬지도 않으며 그저 집필에만 매달렸다(이렇게 하면 생리적인 시계가 멈추고 시차도 잘 느껴지지 않는 장점이 있다). 하지만 마흔을 넘고 나니 오늘 다 해치워버리자며 미련을 떨고 나면 그다음 날은 이루 말할 수 없는 피로가 밀려왔다. 이렇게 한두 번 겪어보니 요령이 생겼고, 생활에도 나름의 규칙이 생겼다.

젊은 시절에는 나 역시 불태울 줄 알았다. 하지만 나이를 먹어가면서 쉽지 않음을 느끼기 시작했다. 밤을 새웠다 하면 그다음 날은 어김없이 '빚'을 갚아야 했으니까.

얼마 전 기억을 되짚어 학창 시절 운동부였던 친구들을 떠올려보았다. 그 친구들은 체육도, 공부도 잘했던 것 같다. 새벽 5시에 일어나 조정 훈련을 받았던 친구들은 일찍 일어나는 것보다 일찍 자는 게 더 힘들다고 말했다. 그렇다. 온갖 다양한 경험을 즐길 수 있는 대학 시절 파티를 거부하고 시간 맞춰 돌아가 휴식을 취한다는 것은 웬만한 자제력으로는 쉽지 않은 일이다. 그러나 그 친구들은 이렇게 해야 했다. 그렇지 않으면 다음 날 고강도의 훈련을 감당할 수 없을 테니까.

지금부터 자신의 '업무 / 휴식'의 비율을 기록해보자. 자신의 생리적 컨디션을 고려하여 적절한 업무 및 휴식 시간을 설정한 다음 나만의 '뽀모도로'를 만들어보자.

당신의 뽀모도로를 계산해보자

우선 빅데이터를 통해 내놓은 적정 비율이 '52분 업무 / 17분 휴식'이라고 했던 만큼 우리도 그 비율에 따라 52분 후에 알람을 설정하고 업무에 집중해보자. 알람이 울리면 하던 일을 멈추고 17분간 휴식을 취하며 하루를 보내보자. 하루의 일과가 끝났을 때 당신은 어떤 느낌이었는가? 효율적이라고 생각했는가? 당신의 '뽀모도로' 경험을 아래에 적어보자.

52분이라는 시간이 너무 길거나 짧다면 컨디션에 따라 자율적으로 조절하여 자신만의 '뽀모도로'를 찾아보자!

뽀모도로 기록표

업무	:	~	:	총____min
휴식	:	~	:	총____min
업무	:	~	:	총____min
휴식	:	~	:	총____min

나의 최선의 뽀모도로:_____분 업무 /_____분 휴식

20
막힘없이 자연스럽게 흐르는 에너지

일반적으로 업무시간이 길어질수록 피로도 그만큼 쌓인다. 그런데 일을 마무리한 후에 오히려 정신이 드는 일도 있을까? 있다! 이번 장에서는 하면 할수록 '피로하지 않을' 비결에 관하여 얘기해보자.

여태 '에너지^(의지력)는 한정된 시스템'이라고 이해했다. 하지만 이번 장에서는 이 '생각의 프레임'을 깨고 심리학적 상식조차 넘어서서 불가사의한 현상으로 여겨지는 '플로우^(Flow)'에 대해 이야기하려고 한다.

이에 앞서 현대에 이르러 가장 영향력 있는 헝가리의 심리학자를 소개하겠다. 그의 이름은 칙센트미하이^(Mihaly Csikszentmihalyi)이다^(이하 미하이).

미하이는 1970년대 다수의 사람이 하루의 업무를 끝낸 후 기진맥진하다시피 하지만 일부 사람은 온종일 일한 후에도 정신이 맑다는 사실을 발견했다. 앞 장을 읽었으니 당신은 이런 의혹을 품을 수도 있겠다.

'이 사람들은 일을 안 한 게 아닐까? 일했다면 에너지를 다 써버렸을 텐데? 그 정신 에너지는 또 어디서 온 것일까?'

미하이는 '창의력' 있는 톱 클래스의 운동선수, 음악가, 학자 등을 대상으로 연구했다. 이들은 모두 종종 정신이 맑아지는 경험을 한다고 말했다. 당시 미하이는 한 유명한 피아노 작곡가에게 창작할 때의 심리 상태를 묘사해달라고 부탁했다.

저는 흥분 상태가 됩니다. 그때가 되면 저 자신도 느끼지 못하죠. 마치 저 자신이 없는 것처럼 말이죠. 손은 제 의지와는 상관없어집니다. 저는 그곳에 앉아 평온한 마음 상태만 유지할 뿐이죠. 이런 상태에서 자연스럽게 제 손에서 새로운 음악이 흘러나오는 것입니다. It 'flow' from my hand.

1975년 미하이는 이 신비로운 현상에 대한 연구와 그 결과를 최초로 발표하고 이 현상을 아주 생생하게 표현하는 '플로우'라는 이름을 붙였다. 플로우란 특수한 정신 상태다. 극도의 집중력이 발휘될 때 그 대상에 빠져들면서 효율과 창의력이 상승한다. 동시에 시간도, 배고픔도, 그 자체와 무관한 심신의 모든 시그널도 잊게 된다.

이 상태에서 빠져나오면 바로 갈증과 허기를 느낀다. 하지만 정신은 여전히 맑고 심리적 컨디션도 좋다. 즉, 육체가 에너지를 소모하더라도 영혼은 에너지로 충만한 상태인 것이다. 이런 '플로우'는 창작이나 운동 등에만 국한되는 것이 아니라 업무에서도 나타날 수 있다.

연구13에 따르면, 일상생활에서 반복적이고 규칙적으로 '플로우'

상태에 진입한다면 전반적인 행복지수$^{(Well-Being)}$와 생활의 품격을 높일 수 있다. 최근 플로우는 긍정심리학계에서 매우 중요한 연구 과제로 자리 잡았다. 현재까지의 연구 결과를 종합해보면 플로우 상태로 더 쉽게 진입할 조건은 아래 다섯 가지다.

1. 하는 일을 좋아해야 한다.
2. 어느 정도의 능력을 갖추고 주도적으로 해야 한다.
3. 도전 정신이 필요하다. 하지만 지나치게 높은 도전 정신을 요하는 경우라면 불가능하다. 난도가 능력의 10%를 넘어선 안 된다.
4. 단계적으로 피드백과 보상이 따라야 한다.
5. 명확한 목표가 있고 대략적인 단계를 알아야 한다.

다섯 가지 조건이 갖춰졌다면 좀 더 쉽게 플로우 상태에 진입할 수 있다. 이 원리를 파악한 한 업계에서는 이를 활용해 제품을 설계했다. 일부는 이미 이 제품을 사용해보았을 것이다. 감이 오는가?

바로 전자오락기이다.

아마 식음을 전폐하고 오락에 몰입했던 경험이 있을 것이다. 전자오락이 이처럼 매력적인 이유는 무엇일까? 우선 재밌다. 설계 자체가 감각기관을 자극할뿐더러 나름의 스토리도 있다. 오락에 빠지는 이유는 좋아하기 때문이다. 둘째, 주도적으로 게임을 이끌도록 설계되어 있다 보니 금세 고수가 될 수 있다. 셋째, 단계별로 난도가 올라가는 설정은 도전 정신을 불러일으킨다. 넷째, 특정 관문을 지나면 보상이 주어진다. 마지막으로 마왕 쳐부수기, 보물 모으기, 관문 통과 등 단계마다의 목표가 명확하다.

이제 알겠는가? 이는 '플로우'의 조건과 완전히 일치한다. 괜히 전자오락에 중독되는 게 아니다. 전자오락이 플로우의 원리에 따라 설계되었다면 플로우가 안겨주는 쾌감을 선사하며 더 많은 동력을 부여하고, 심지어 능동적으로 전자오락을 하게 만들 것이다. 그렇다면 플로우의 원리에 따라 업무를 설계할 수 있을까?

업무를 게임이라고 생각해보면 어떨까? 업무를 '가지고 논다'는 생각으로 흥미를 불어넣어보자. 그럼 일도 하고, 플로윙(FLOWing)도 할 수 있을 것이다.

Happy FLOWing!

시간의 흐름마저 잊을 '플로우'에 빠진다면

플로우 상태에 진입하면, 하면 할수록 피곤하지 않다. 이때 뽀모도로 기법을 활용해 규칙적으로 쉬어야 할까? 아니면 플로우에 따라 하고 싶은 만큼 해야 할까?

이 책의 편집자가 위의 질문을 던졌고 나는 깊은 고민에 빠졌다. 내 생각으로는 어떤 일을 하느냐에 따라 달라지지 않을까 싶다. 예컨대 창작하는 과정에서 플로우에 접어들었다면 에너지가 흐르는 대로 창작을 계속해가야 할 테지만, 멀리 내다볼 경우 '뇌'는 휴식이 필요하지 않을까 싶다.

내 경험으로는 몸이란 특정한 휴식 모드가 습관이 되면 뇌는 집중할 때 더 쉽게 플로우 상태로 진입한다. 시간이 되면 뇌는 습관에 따라 자동으로 '모드 전환'을 해 휴식하도록 만드는 것이다.

일반적인 일이라면 '규칙적인 휴식(뽀모도로)'이 매우 중요하다. 집중력을 발휘하는 시간 동안 플로우 상태에 진입할 수 있도록 노력해보자.

일과 오락의 컴바인

영국의 컴퓨터 프로그래머 닉 펠링(Nick Pelling)은 2002년에 '게이미피케이션(Gamification)'이라는 단어를 탄생시켰다. 쉽게 말해 '게임화'라는 의미의 게이미피케이션은 업무처럼 게임이 아닌 분야에 게임 요소를 활용하는 것을 말한다. 게이미피케이션의 목표는 게임의 오락적 요소가 아니라 게임이 흥미를 이끄는 요소를 다른 분야에 적용해 일정한 목표를 달성할 수 있도록 고취시키고 흥미를 느끼도록 만드는 것이다.

나 역시 업무 중 메일 처리 같은 '오락적 요소'를 찾곤 한다. 서재의 컴퓨터 모니터 앞에 앉아 목표를 정한다. 매일 수백 통의 이메일을 받지만 모두 답장해야 하는 건 아니다. inbox를 가득 채운 메일 가운데 VIP 메일부터 우선 자료 폴더에 넣는다. 그러고 나서 메일 열 개를 한 단위로 보고 나 자신에게 30분의 시간을 준다. '스톱워치'를 누르는 일은 매우 필요한 의식이다. 스톱워치를 누르지 않으면 금세 집중력이 떨어진다. 30분 만에 이 메일들을 KO시키고 나서 비어 있는 메일함을 보면 그렇게 상쾌할 수가 없다. 그러고는 보상이라도 하듯 공상하거나 아이와 놀아준다. 그리고 모니터는 절대 보지 않는다.

이런 자질구레한 일들을 게임화해버리고 나면 '플로우'의 느낌을 얻을 수 있다. 일상에서 플로우 상태에 진입하는 때는 언제인지, 또 다른 부분에도 활용이 가능할지에 대해 다음의 연습을 통해 고민해보자.

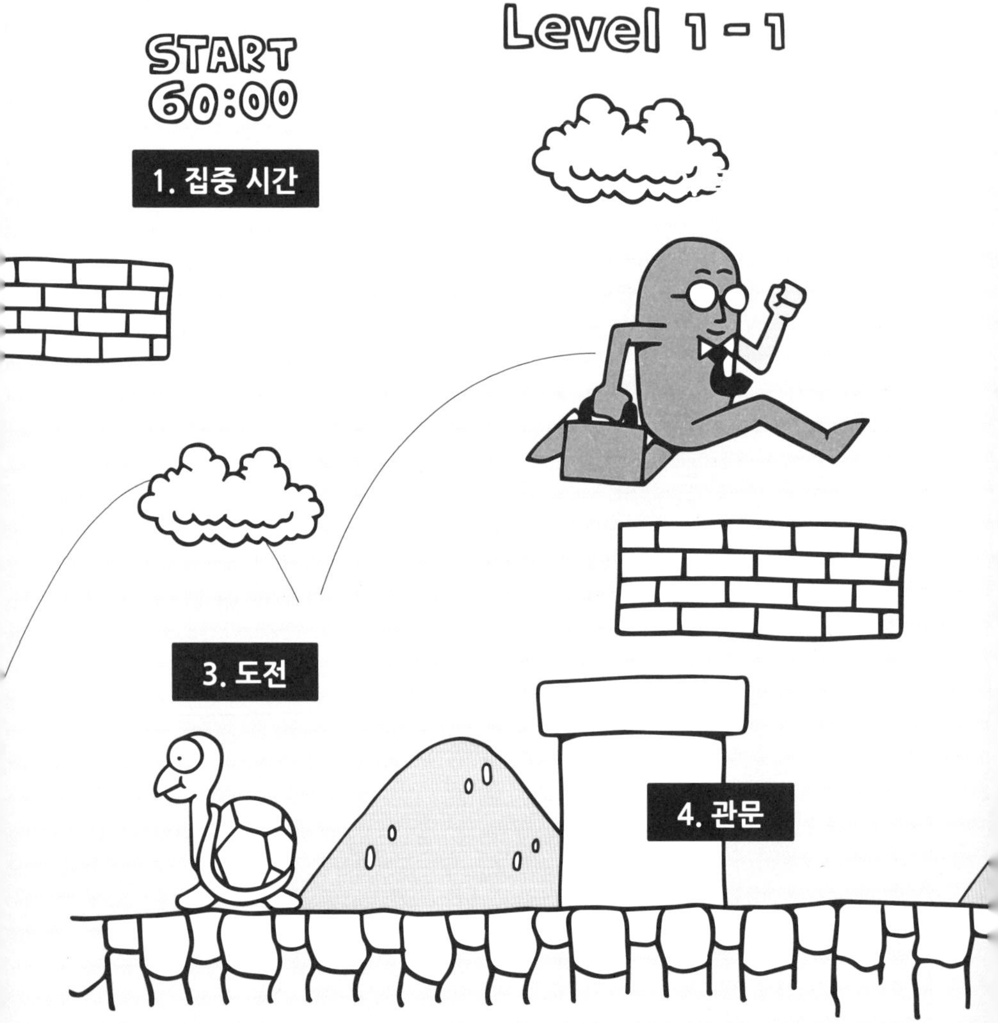
Level 1 - 1
START
60:00
1. 집중 시간
3. 도전
4. 관문

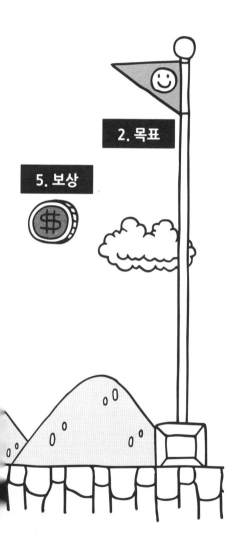

2. 목표

5. 보상

1. 집중 시간
스마트폰과 컴퓨터의 메시지 알림을 꺼
둔다.
방해가 될 요소는 사전에 차단해 잠시나
마 시공간이 방해받지 않도록 한다.

2. 목표 설정
명확한 목표를 설정하기 위해 이전의 연
습들을 참고한 후 자문해보자.
"내가 완수한 것을 어떻게 알았지?"

3. 업무적 도전
업무에 도전적 요소를 포함시키자. 하지
만 이 도전은 당신의 능력을 10%가량만
넘어서야 한다.
이 정도 난도라면 최선을 다해 노력해야
하며 결코 실패해선 안 된다.

4. 관문 설정
나 자신을 위한 도전 요소를 만들고 집
행 계획과 목표를 명확히 정의해야 한다.
스스로 자신이 몇 가지 일을 완성했는
지, 또 관문과 이정표는 어디 있는지 알
려주자.
분명히 할수록 효과는 좋다. 이것은 하
루의 임무이며, 매일 새롭게 변경되어
야 한다.

5. 즉시 보상
자신에게 즉시 보상하도록 설계한다.
가령 작은 단계를 완료했다면 동료 혹
은 담당자에게 보고하거나 스스로 보상
한다.

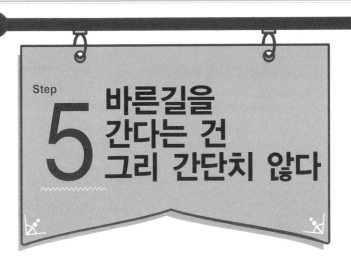

5 바른길을 간다는 건 그리 간단치 않다

미래를 위해 출발할 준비가 되었는가?
길을 나서기에 앞서, 크게 심호흡을 하고 잠시 멈춰보자.
Just imagine it!
상상이라고 해서 모두 '공상'이 아니다.
미래의 한 조각, 한 조각에서 느껴봄 직한 기분을 떠올리는 것이다.
상상은 생각만큼 간단치 않다.
이제 발걸음을 옮겨보자!

21
우리는 꿈꿀 자격이 있다

　앞 장에서 에너지와 회복에 대해 살펴보았다. 이제부터는 함께 여행을 떠나보려고 한다. 하지만 이 여행은 비행기표도, 호텔도 예약할 필요가 없다. 그저 '상상력'만 있으면 된다. 우리는 미래의 내가 어떤 모습일지에 대해 상상해보곤 한다. 거품이 꺼지는 소리가 들리면 그제야 꿈속 세상에서 뛰쳐나온다. 사실 꿈이라는 기술이 필요하다. 그래서 이번에는 상상력 연습을 통해 '마음속 생각'과 '현실적 실현'의 거리를 좀 더 가깝게 만들어보자!

　"이봐, 요즘 어떻게 지내?"
　"늘 똑같아! 그냥 사는 거지, 뭐."
　생활이 생존이 되어버렸다는 짧은 문구에는 고달픈 세상살이에 대한 속내가 고스란히 투영된다. 많은 사람이 스스로 생활에 '얽매여' 사는 법을 배운다. 인생은 늘 똑같고, 일은 많고, 세상은 복잡하고, 월급은 적고……. 앞으로 도대체 어떻게 해야 할까?

당신이 한 결정은 구체적인 계획에 따른 것이고, 하나하나 실현되고 있는가? 아니면 그런 자세한 부분까지 미처 생각할 겨를도 없이 하루하루를 살아내고 있는가? 배가 알아서 부두에 닿을 수 있을까? 어떤 유형의 사람이든 그 뇌는 시시각각 미래에 대한 환상에 젖곤 한다. 아무 생각 없이 멍하니 있을 때도 뇌의 특정 회로는 활발히 움직이고 있다. 이는 뇌가 '디폴트 모드'가 되었기 때문이다. 뇌신경학 연구에서는 이런 현상을 '디폴트 모드 네트워크(Default Mode Network: 아무런 인지 활동을 하지 않을 때 활성화되는 뇌의 특정 부위)'라고 부른다.

디폴트 모드 네트워크는 아주 중요한 기능을 한다. 자신의 자서전적 기억(Autobiographical Memory: 자신의 삶에 관한 개인적 기억으로, 개인의 역사적 사실 및 경험적 사건에 관한 기억으로 구성) 수집, 타인의 생각과 그들이 알 수도 모를 수도 있을 법한 내용에 대한 고민, 과거 일에 대한 회상, 미래에 발생 가능한 사건의 전망, 자신의 감정 반성 등의 일이 모두 여기에 포함된다.

이러한 기능들을 종합해보면 뇌신경과학 연구자들은 이 '디폴트 모드 네트워크'의 기능으로 우리의 '자아의식'이 만들어질 가능성이 매우 크다고 본다. 심지어 연구자들은 이야기를 듣거나 영화를 볼 때 개인의 디폴트 모드 네트워크가 유난히 활성화되고, 뚜렷한 동조화 현상을 보인다고 말한다.

그러나 만약 이 이야기의 정보가 지나치게 세분화되어 있다면 이런 반응은 일어나지 않는다. 따라서 디폴트 모드 네트워크는 이야기의 줄거리를 종합하는 역할을 담당해 '직접 체험'한 듯한 느낌을 안겨줄 가능성이 크다. 여러 연구 결과가 인류는 대부분의 시간을 '상상 속'에서 보낸다고 주장한다.

혹시 짝사랑의 경험이 있는가? 누군가를 짝사랑하게 되면 갖가지 상황을 상상하곤 한다. 그녀 혹은 그와 데이트를 하고, 영화를 보고, 대화를 나누고 심지어 그 상대와 레드카펫 위를 걸으며 결혼식을 올리고, 아이 낳는 상상까지도 한다. 그리고 그 안에는 갈등도, 각기 다른 결말도 존재한다.

연구**14**에 따르면, 자신이 지금 무슨 일을 하고 있다는 상상만으로도 심박수와 호흡에 변화가 생기며 마치 실제 그 일을 하고 있는 듯한 느낌을 얻는다. 따라서 시각화(Visualization)는 아주 효과적인 방식이다. 올림픽 참가 선수들도 이 기법을 활용해 훈련하기도 한다. 물론 그들은 운동의 전 과정을 '상상'하는 것이지, 결말의 기쁨을 느껴보려는 목적은 아니다.

2008년 베이징올림픽을 떠올려보자. 당시 베이징국가수영센터 워터큐브에서는 남자 200미터 접영 결승전이 열렸다. 경기가 반 정도 진행된 상황에서 수영의 신이라 불리는 미국 선수 마이클 펠프스의 물안경에 갑자기 물이 들어왔다. 눈앞이 흐릿해졌음에도 펠프스는 제일 먼저 벽을 터치하고 금메달을 목에 걸었다.

사실 펠프스는 전부터 심적 연습(Mental Rehearsal)을 해왔다. '마음'속으로 숱하게 수영 연습을 한 것이다. 비록 눈은 제대로 뜰 수 없었지만 팔을 젓는 횟수를 계산해 터치할 벽과 자신의 거리를 판단한 것이다. 결국 펠프스는 다시 한 번 세계 신기록을 갈아치우며 베이징올림픽의 미스터리한 경이로움으로 기록되었다.

이런 심적 연습은 아무런 동작도 하지 않고 단지 뇌로만 연습하는 과정과 디테일들을 상상한 것이다. 이런 심적 연습을 하는 동안 옆에서 코칭까지 이뤄진다면 더욱 '마음'으로 체험할 수 있으니 그 효과는 극대화될 것이다. 더불어 안정적인 공간이어야만 편안한 마음으로 심적 연습에 몰입할 수 있다. 펠프스의 경우 뇌 속을 유영하며 온 마음을 집중하다 보니 잠시도 해이해질 수 없었다.

근래 들어 긍정심리학자들은 사람들이 컴포트존(Comfort Zone: 인체에 가장 쾌적하게 느껴지는 온도, 습도 풍속에 의해 정해지는 어떤 일정한 범위)을 벗어나는 데 도움 되는 행동을 취하기 시작했다. 그러나 어떤 파괴와 분리, 변화도 잘 받아들여지지 않았다. 모든 시작은 희망과 꿈에서 비롯된다. 꿈은 상황을 변화시키고 시작도 달라지게 만든다. 인생을 살면서 마주하는 수많은 '불가항력' 앞에서 굴복한다는 것은 목숨을 운명에 맡긴 거나 진배없다. 더 무서운 사실은 아주 많은 사람이 어릴 적부터 꿈이란 유치할 뿐이니, 정신 차리고 현실적으로 살라는 어른들 말씀의 올가미에 갇혀 있었다는 사실이다.

삶이란 정말 마지못해 살아내야 하는 걸까?

물론 아니다. 당신은 어떤 삶을 꿈꾸는가? 01장의 Action Practice 내용을 기억하는가? 당신은 이미 보딩패스검사를 받았다. 이상적인 국가를 꿈꾼다면 자신의 몸과 마음을 준비하자. 이제 찬찬히 이 여정을 완성해보자!

Action Practice 21
상상의 나래를 펼쳐보자

계획을 세울 때 '이성'적인 판단은 당연하다. 그런데 그러다 보면 '느낌'마저 이성적으로 억눌려버리는 경우가 생기곤 한다.

'감성'과 '이성' 모두 매우 중요하며 참고할 만하다. '자신의 마음을 따르되 이성을 잃지 않아야 한다'는 말이 있듯, 상상 연습을 하면서도 감각적인 반응에 세심한 주의를 기울일 수 있다. 언제 편안한지, 기대감을 주는 것은 무엇인지, 목표를 달성하는 상상을 했을 때 마음속으로 무엇이 느껴졌는지 등을 말이다.

이런 과정이 어쩌면 조금은 힘에 부칠지도 모른다. '생각'만을 활용한다면 피로해질 수밖에 없다. 그럴 때는 이렇게 자문해보자.

"너무 낙관적으로 계획한 것은 아닐까?"

"과정을 너무 쉽게만 여겼던 것은 아닐까?"

"곳곳에 놓인 암초들을 고려하지 못해 시간만 지연시킨 건 아닐까?"

미래의 결과만 상상해선 안 된다. 감각기관들의 디테일도 잊지 말아야 한다.

당신의 디폴트 모드 네트워크를 관찰해보자

우선 편안한 곳에 앉아 5분간 휴식을 취해보자.

마치 너른 벌판을 마음껏 달리는 말이 된 듯, 원하는 대로 생각하길 바란다.

이제 '방관자'가 되어서 생각의 변화를 고스란히 느껴보자. 자신의 생각이 안정을 찾았는가? 아니면 격동에 휩싸였는가? 당신은 여러 장면을 넘나들며 상상했는가, 아니면 '단편적인' 상상만 했는가?

우리의 뇌는 자유로워지면 스스로 '디폴트 모드 네트워크'에 진입한다. 꿈과 미래의 계획 역시 이 네트워크 속에서 갖가지 시뮬레이션을 펼친다. 이 중 하나를 선택해 이룰 수 있다면 당신은 무엇을 선택하겠는가?

이런 생각의 방관자인 '자신'에게 머릿속을 유영하는 수만 가지 생각 중 한 가지를 뽑아달라고 부탁하고 의식을 불어넣어 당신의 소망으로 삼아보자.

소망을 아래에 적어보자. 나는 ······을 희망한다.

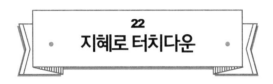

당신의 꿈이 담긴 그림은 추상화일까, 사실화일까? 아니면 아예 그림조차 없는가? 이번 장에서는 'SMART 원칙'을 활용해 좀 더 구체적인 상상을 해보려고 한다. 이제 당신도 상상이 얼마나 큰 위력을 가졌는지 또 우리의 목표와 얼마나 많은 거리를 좁혀줄 수 있는지 알게 될 것이다.

사막을 걷느라 피로와 갈증에 지친 한 젊은이가 무언가에 걸려 사막 한복판에 넘어졌다. 원인이 오래된 램프인 걸 알고는 힘껏 걷어찼다가 문득 오랜 신화 속 이야기가 떠올라 얼른 그 램프를 가져다 문질러보았다. 그러자 덩치가 산만 한 거인이 그의 눈앞에 나타나는 것이 아닌가. 램프의 요정이 말했다.

"주인님! 저를 다시 나올 수 있게 해주셔서 감사합니다. 제가 세 가지 소망을 이뤄드리겠습니다."

젊은이는 말했다.

"첫째, 아주 많은 돈을 원한다!"

램프의 요정이 '후'하고 불자, 젊은이 곁에 금은보화가 산더미만큼 쌓였다. 젊은이는 놀라서 잠시 멍해졌다. 그리고 이내 서둘러서 두 번째 소원을 빌었다.

"아주 많은 미인을 원한다."

순식간에 모델급의 미녀들이 그를 향해 달려오기 시작했다. 젊은이는 속으로 곰곰이 생각했다.

'어쩌지, 이제 한 가지 소원이 남았는데……'

젊은이는 아주 천천히 말했다.

"내 세 번째 소원은 더 많은 소원을 갖는 것이다. 당신처럼 원하는 무엇이든 가질 수 있도록!"

램프의 요정이 눈살을 찌푸리며 물었다.

"젊은이…… 정말 결정한 거요?"

"물론이지!"

왜 이 램프의 요정 이야기로 서두를 열었는지 눈치챘는가? 당신의 소원이 단지 '성공', '즐거움', '마음먹은 대로 이루기'처럼 추상적이라면 설사 램프의 요정일지라도 원하는 바를 이뤄줄 수가 없다.

따라서 상상을 하든, 계획을 세우든 구체적인 목표는 필수다.

21장에서 우리는 상상과 약속을 연습했다. 직접 실천해보니 현실과 괴리감이 느껴지진 않았는가? 심리학에서는 여러 기법을 통해 '상상'을 '구체화'한다. 듣기에 다소 모순적인가? 《시크릿》이라는 책을 읽어

봤는가? 이 책에서는 '어떤 일이 일어났다고 상상하는 순간 원하는 대로 이뤄질 것'이라고 강조한다.

사실 간절히 원하는 일을 이룬다는 건 결코 쉽지 않다. 계획이나 소망이 있다면 어떻게 해야만 숱한 의문들 속에서도 정신을 차릴 수 있을까? 어떻게 해야 램프의 요정에게 비웃음을 사지 않을 수 있을까? 바로 이번 장에서 그 해결책인 'SMART 원칙'을 알려주려고 한다. SMART의 다섯 가지 알파벳은 정한 목표의 핵심을 의미한다.

Specific
구체적인 목표

Measurable
정량화된 진도

Actionable
실천을 통한
실현 가능성

Realistic
현실성

Time-bound
목표 기한

예컨대 나는 이 책을 쓰기 전에 '3개월 내 신간 100쪽 분량의 세부 내용을 정리하겠다'고 다짐했다. 이런 소원은 SMART 원칙에 아주 잘 맞을뿐더러 마음속 램프의 요정과 훌륭히 소통하는 데 큰 도움이 된다.

상상력의 또 다른 중요 기능은 '스스로를 인식'하는 데 도움이 된

다는 점이다. 직장 선택의 갈림길에서 다국적 컨설팅사의 컨설턴트
가 되고 싶다면 'SMART 원칙'을 통해 당신은 선배들에게 도움을 청
할 수 있다. 또한 컨설턴트가 되기 위해 어떤 노력을 기울여야 하며, 계
획은 어떻게 세우고 얼마의 시간을 들여야 가능한지에 대해 고민해볼
수 있다.

이제 상상의 나래를 펼쳐도 좋다.

'SMART 원칙'을 활용해 고민하는 방법 외에도 고문이 된 이후의
생활을 꿈꿔도 무방하다. 멋진 슈트에 고급 넥타이를 매고 어느 회사
의 고위 임원과 전략을 논하는 것이다. 당신은 한눈에 기업 내부의 문
제를 파악하고 세계 각국을 돌며 사교 모임에 참석한다. 많은 이가 당
신에게 존경의 눈빛을 보낸다. 여기까지만 상상해도 당신은 날아갈 듯
한 기분에 젖을지 모른다.

'상상력'은 단기적인 즐거움과 위안을 주며 우리 마음의 고민과 고
통을 분산시키는 데 도움을 준다. 그런데 만약 자신을 움직일 동력을
찾고 실천력을 만들어가기 위한 상상이라면 목표에 이르기까지의 전
과정이 필요하다. 펠프스가 금메달만을 생각한 게 아니라 물 밖에서도
영법을 상상했듯이 말이다.

많은 젊은이가 내게 묻는다. 자신의 마음이 옳은지 어떻게 판단하
느냐고. 답은 아주 간단하다. 마음속에 그려지는 아름다운 꿈에 귀를
기울여도 좋고, 끔찍한 악몽을 상상해도 좋다. 두 가지를 상상해보고
나면 앞으로의 길이 보일 것이다. 포기하거나 맞춰가거나! 선택은 그
리 어렵지 않다.

긍정적인 상상

무언가 이뤄내는 상상을 할 때, 당신의 몸도 '이미 목표점에 도달한 상태'일 때의 반응을 보이며 긴장이 풀린다. 당신이 아무런 방해도 받지 않는 시간을 보내길 소망한다면 이 역시 좋은 방법이다. 가령 내일 시험 결과가 발표된다면 밥도 잠도 거를 만큼 좌불안석의 시간을 보낼 것이다. 그럼 어떻게 해야 할까? 시험은 이미 끝났고, 결과는 되돌릴 수 없다. '긍정적인 상상'만이 당신을 도울 수 있다! 내일 좋은 결과가 있을 거라고 생각하면 마음이 편안해질 것이다. 그럼 기다림의 시간 동안은 애태우지 않을 수 있다.

'긍정적인 상상'의 극단적인 예를 들어보자. 타는 듯한 갈증으로 곧 죽음에 이를 듯한 사막 여행자가 있다고 가정해보자. 자신이 오아시스를 찾았고, 물 마시는 상상을 하면 뇌는 수원이 있는 곳의 정보를 좀 더 쉽게 포착해 물을 찾는 데 도움 될 것이다. 제2차 세계대전 당시 나치수용소에 수감된 일부 유대인이 외부 세계의 자유의 날들을 상상하며 극한의 고통과 상처들을 이겨냈는데, 이 역시 긍정적인 상상의 예에 속한다.

더 SMART한 목표를 세우자

21장에서의 소원들을 다시 적고, SMART 원칙에 따라서 추상적인 소원을 구체적인 목표로 바꿔보자.

21장의 'Action Practice' 말미의 칸에 소원을 적어보자.

(189쪽의 소원)

Specific
구체적인 목표
☐

Measurable
정량화된 진도
☐

Actionable
실천을 통한
실현 가능성
☐

Realistic
현실성
☐

Time-bound
목표 기한
☐

구체적인 목표:

SMART한 목표를 설정한 후, 다시 상상해보자. 이 목표를 실현했을 때, 어떤 기분이 들 것 같은가? 당신의 목표를 구체화한 후 목표를 실현한 이후를 더 쉽게 상상해낼 수 있었는가?

상상을 통해 얻는 느낌이 훨씬 순조롭고, 에너지 역시 더욱 집중되었다는 사실을 알 수 있을 것이다.

당신은 이번 장을 읽은 후에 주변의 세 사람과 'SMART 원칙'이라는 심리학적 기법을 공유할 수 있다. 그들의 미래 계획을 들어보고 긍정적으로 응원해주자. 다른 사람을 응원하는 것도 자신의 긍정 에너지를 보충하는 데 유익하게 작용할 것이다.

당신은 외출하기 전에 일기예보를 확인하는가? 우산을 챙겨야 할지, 옷을 더 단단히 입어야 할지 결정하기 위해서 말이다. 대기학 덕분에 우리는 미리 대비할 수 있게 되었다. 앞으로 일어날 '장애나 좌절'을 예보해준다면 얼마나 좋을까? 또 얼마나 많은 도움이 될까?

22장의 Action Practice에서는 SMART 원칙을 통해 목표를 살펴봤다. 이번 장에서는 상상의 기법에 대해 한 단계 더 깊이 들어간 내용을 알아보고자 한다. 바로 뉴욕대학교 심리학 교수 가브리엘레 외팅겐(Gabriele Oettingen)이 발명한 '심리적 대조(Mental Contrasting)'이다.

심리적 대조는 두 단계로 나눠볼 수 있다. 우선 연습하기 전에 조용하고 편안한 장소를 찾아보자. 몸과 마음을 최대한 편안히 하고 종이와 펜을 준비하자. 그리고 상상하는 모든 것을 기록해보자.

첫 번째 단계에서는 계획과 소원이 필요하다. 다음 주에 가장 중요하게 해결해야 할 일이 무엇인가? 직장에서 고객의 컴플레인으로 난처한 상황인가? 마음에 두고 있는 상대와 데이트를 위해 완벽한 코스를 짜느라 고민인가? 중요한 프로젝트 발표를 앞두고 있는가? 이런 계획과 소원은 너무 어려운 일이어선 안 되며, 현실과 동떨어진 일이어서도 안 된다. 당신의 능력과 노력이 버무려져 실현할 수 있는 목표여야 한다. 그럼 서너 가지 키워드로 자신의 계획을 적어보자.

다 적었다면 상상의 나래를 펼쳐보자. 순조로운 진행으로 얻을 최상의 결과는 무엇인가? 고객의 제안을 성공적으로 받아들여 회사 발전에 공헌하고, 모든 임직원이 당신에게 감사를 전하는 것인가? 마음에 드는 상대와 캔들라이트 디너를 함께하고 영화를 보며 낭만적인 밤을 보내는 것인가? 혹은 멋진 발표로 더 이상 성적 걱정은 안 하는 것인가?

무엇이 되었든 성공한 후 당신은 어떤 느낌이었는가? 만족스러웠는가? 더없이 기뻤는가? 흥분되었는가? 이 결과를 상상해보자. 순간순간의 디테일도 살리고, 감각적인 느낌들까지도 상상하며 그대로 기록해보자.

이제 '심리적 대조'의 두 번째 단계로 들어가보자. 이 역시 아주 중요한 단계이다. 당신이 원하는 바를 이루기 전, 목표를 이루는 과정에서 발생 가능한 장애 요소나 실패 가능성에 대해 생각해보자.

고객과의 만남 전날 지나치게 긴장한 나머지 잠을 제대로 자지 못하면 당일 컨디션이 엉망일 수 있는가? 마음에 드는 상대와 데이트하는 날 폭우가 쏟아지고, 비가 올 가능성을 염두에 두지 않아 데이트가 엉망으로 끝났는가? 또 팀원들과의 불화로 최종 보고 성적이 저조했는가?

곰곰이 생각해보면 위 상황들은 당신도 충분히 예측 가능한 난관들이다. 그럼 이런 요소들이 진정한 난관일까? 진정한 난관이란 과연 어떤 것들일지 깊이 고민해봐야 한다. 그리고 다시 생동감 있게 상상해봐야 한다. 사실 심리적 대조에는 정확하고 객관적인 장애 요소란 없다. 다만 당신이 찾아보고 고민하고 상상해보는 과정을 통해 장애가 될 요소들을 찾아내는 것이다. 그 문제들을 해결하는 데 조급해할 필요는 없다. 상상만으로도 충분하다. 그리고 마지막으로 장애물이 될 요소들과 관련된 사물이나 장소 등의 자세한 내용을 하나하나 기록해보자.

이제 일상으로 돌아와 방금 전 설정한 목표를 향해 24시간 안에 노력하길 바란다. 단 몇 분이라도 좋다. 그러고 난 후 마음가짐이 전과 달라지진 않았는지 자문해보자.

심리적 대조의 가장 '위대한' 특징은 다름 아닌 '뒷심'이다. 이는 아주 미묘한 느낌이다. '심리적 대조'를 할 때 단계적 순서는 매우 중요하다. 우선 목표를 설정하고, 선택한 후 최상의 결과를 상상해야 한다. 그런 뒤 장애 요소를 떠올려야만 심리적 대조의 긍정적인 효과를 볼 수 있다.

연구 결과[15]에 따르면, 심리적 대조를 연습한 학생이 많은 시간을 들여 시험을 준비하겠노라 마음먹으면 상위권 성적을 받는 것으로 나타났다. 이 연습은 운동량 늘리기, 체력 기르기, 불량식품 먹지 않기, 심지어 금연 등 좋은 습관을 기르고 나쁜 습관을 개선하는 데에도 유익하다는 것이 증명되었다. 어떤가? 흥분되지 않는가?

그렇다. 나 역시 신기할 따름이다. 그래서 이 방법을 습관화하라고 제안하는 것이다.

한 가지 꼭 일러두고 싶은 점은 '심리적 대조' 기법은 '장기적인 목표'에 적합하다는 것이다. 매일 조금씩의 노력을 더 해야 하기 때문이다. 마라톤 훈련을 예로 들어보자. 매일 장거리 달리기를 연습하기 전에 심란한 일이 있거나 친구와의 노래방 약속, 온라인 게임, 야근 등이 있다면 당장에는 훨씬 더 중요한 일처럼 느껴져 혼란스러울 수도 있다. 그럴 때 심리적 대조를 시도해볼 수 있다.

그럼 이번 장에서 배운 '심리적 대조'와 16장에서 언급했던 '심리 에너지 시스템'을 연결 지을 수 있겠는가? 당신이 하고자 하는 일의 목표를 설정하면 잠재의식 속에서는 '에너지'를 그 목표에 쏟아낸다. 마라톤의 전투력을 높이고자 하면서도 다른 일을 떠올리거나 반드시 처리해야 할 일이 있으면 동력 또한 그쪽으로도 향하게 마련이다. 당신이 A를 하고자 했다가 곧 B를 하고자 하면 두 가지 일 모두 에너지가 필요하기 때문에 양측은 최선을 다해 줄다리기를 한다. 그리고 결국 두 가지 일 모두 에너지를 잃고 만다.

상상력을 활용한 '심리적 대조'를 한다면 우선 '마라톤'이라는 목표를 인정하고, 그것을 선택해야 한다. 그리고 목표 달성 이후의 장점들을 상상해야 한다. 그럼 잠재의식 역시 그 순간에 부합하려고 한다. A는 명확한 목표가 되었고, B는 A의 장애 요소가 된 것이다.

두 마리 토끼 모두 잡고 싶은 당신이라면 이때는 더 이상 고민할 필요 없이 마음속으로 사안에 대해 재정의(Mental Reframing)를 해야 한다. 하나는 원하는 바이고, 다른 하나는 장애 요소다. 상상 과정에서 설령 압박감을 느꼈더라도 재정의를 한 후에는 놓기 힘들었던 '근심'들이 해소되면서 내려놓기가 수월해진다.

한번 생각해보라. 당장 노력이 필요한 일들에 마음과 열정을 쏟아부었는데 아무것도 아닌 결과가 있었던가? 시작부터 심리적 대조를 통해 판단하고 예방주사를 놓는다면 마음속 에너지가 불필요하게 소모되는 일도 막을뿐더러 지엽적인 일들을 쉽게 내려놓을 수 있다.

이런 기법은 일상생활 곳곳에서 활용할 수 있다. 감정적으로도 상호 간의 관계에 어떤 요소들이 장애가 되는지 고민하고 이해해봄으로써 극복하거나 과감히 포기하는 방법을 생각할 수 있다.

비즈니스에서도 마찬가지다. 사업적인 결단을 내려야 할 때 곧 닥칠 위기를 빠르게 선별해서 고려할 수 있다. 또한 새로운 무언가를 배울 때 큰 효과를 발휘할 것이다. 특히 '긍정적 피드백'을 받아들일 때라면 상당한 도움이 될 것이다.

잠재의식이란 정말 신기하고도 미묘하다. 숱한 동력들과 충돌 속에서 발생된 잠재의식으로 말미암아 우리는 자신도 모르게 어리석은 결정을 하고, 제 발등을 찍기도 한다. 그러나 심리학계는 다년간의 연구를 통해 발전해오면서 간단하면서도 실천 가능한 기법을 알려줬고, 당신 역시 이런 훈련을 통해 당신의 동력원을 강화할 수 있다.

심리적 대조가 더욱 강력해지는 비밀, 긍정적 피드백

당신이 처음 야구를 하는 꼬마에게 "폼이 정말 멋있구나. 나중에 일류 선수가 되겠어"라고 말한다면 꼬마는 어떤 반응을 보일까? 아마도 큰 용기와 자신감을 얻을 것이다. 심리적 대조에 긍정적 피드백까지 이뤄진다면 시너지 효과를 발휘할 수 있다.

외팅겐은 '창의'에 관한 연구를 위해 150명의 대학생을 두 그룹으로 나눴다. 첫 번째 그룹에는 "여러분은 매우 좋은 성적을 거두었습니다. 창의적 잠재력이 90퍼센트 이상의 인재들입니다"라고 말하고, 두 번째 그룹에는 "방금 보여준 능력은 일반인들에 비해 약간 더 창의적일 뿐입니다"라고 말했다. 그리고 그들에게 '창의성'이라는 주제를 가지고 심리적 대조를 진행했다. 이어 공간 구획이나 수학 계산과 같은 창의성 테스트를 했다. 그 결과 '긍정적 피드백'을 받은 그룹의 학생들이 다른 그룹의 학생들보다 훨씬 높은 점수를 얻었다.

Action Practice 23
인생의 변화구를
시도해보자

게으름은 인간의 본성이다. 앞서 우리는 '심리적 대조'의 방법에 대해 알아보았다. 심리적 대조는 체계화된 사고 기법이다. 어쩌면 이 기법의 일부를 활용해보았을지도 모른다. 결과만 상상해봤을 수도 있고, 곧 마주하게 될 장애 요소를 고려해봤을 수도 있다. 그러면서도 이 두 가지를 함께 고민할 수 있다는 생각까지는 못했을 것이다.

자, 이제 심리적 대조를 십분 활용하여 인생의 변화구를 던져보자!

앞서 SMART 원칙을 통해 적었던 소원을 다시 한 번 살펴보고, 어떤 '돌발 요소'가 나타날지 예상한 후 하나하나 고민해보자.

목표: _____

(195쪽의 'Action Practice' 부분을 살펴보자)

꿈을 향하는 길의 풍경과 자갈

상황1

예: 피트니스센터에 도착해서야 운동복을 가져오지 않았음을 알게 되었다면……

당신의 생각은……

위와 같은 상황이 벌어졌다면 나는……

상황을 설정했다면 상상력을 최대한 발휘하여 이 과정을 겪어내자. 정말 그런 상황이 벌어졌다면 당신은 어떻게 하겠는가?

상황 2

당신의 생각은······.

위와 같은 상황이 벌어졌다면 나는······.

_____

_____

_____

_____

상황을 설정했다면 상상력을 최대한 발휘하여 이 과정을 겪어내자. 정말 그런 상황이 벌어졌다면 당신은 어떻게 하겠는가?

24
오늘 'WOOP'합니까?

목표를 향해 달려가고 있다면 똑똑한 상상을 하고 '심리적 대조'를 통해 목표를 세운 뒤 장애물들을 처리해야 한다. 이번 장에서는 그 목표에 한 발짝 더 가까이 다가가고자 한다. 그러려면 구체적인 계획이 필요하다. 그래서 '심리적 대조'와 '실행 의도'를 결합한 'WOOP'를 소개하려고 한다. WOOP를 알고 나면 기대하는 성과와 좀 더 가까워질 수 있을 것이다.

미국에서 대만으로 돌아온 지 벌써 10년이 흘렀다. 대만 언론에서는 일본을 모방해 매년 연말이면 대중의 투표를 거쳐 한 해를 대표하는 한자를 뽑는다. 2011년 '칭찬(讚)'이 뽑힌 이후(당시 페이스북이 점점 보편화되고 있었다. '좋아요' 누르기가 유행하던 시기다)로 한 해를 대표하는 한자로 걱정(憂), 거짓(假), 어둠(黑), 교체(換), 고통(苦), 막막함(茫) 등이 뽑혔는데 모두가 무거운 느낌뿐이었다.

오랜 시간 온라인 커뮤니티들을 관찰한 결과 많은 네티즌이 '비관적인 사고'에 꽤 능하다는 사실을 발견했다. 나 또한 온라인 커뮤니티에서 짧을 글들을 공유하면서 이런 새로운 발명이 지구를 바꿀 수 있겠다는 생각에 놀라기도 했다. 결과적으로 댓글에는 '그러나'가 한 무더기 등장한다. '대만에서는 절대 안 돼', '새로운 발명을 남용하면 어떻게 해?' 등의 부정적인 생각들이 꼬리에 꼬리를 물었다. 하지만 나는 새로운 발명이 그들에게 어떤 영감의 불씨를 당겼는지에 대한 의구심이 들었다. 이를 원망하고 앞으로의 난관을 예상하는 것도 반드시 거쳐야 하는 과정임은 분명하지만, 그보다 더 중요한 것은 앞으로 당신이 무엇을 해야 하는가가 아닐까?

매번 "이건 안 돼" 하고는 그만둔다. 그리고 다른 누군가가 해내고 나면 또 이렇게 말한다.

"내 진작에 이렇게 하려고 했었지!"

이런 뒷북은 어디에도 쓸모가 없다. 늘 원망만 하는 인생에서 벗어나려면 '상상, 전진, 목표'의 궤도에 올라서야 한다. 앞서 '심리적 대조'를 소개했다. 이 기법의 위력이 믿기지 않는다면 외팅겐의 '심리적 대조' 영향력에 관한 연구를 살펴봐도 좋다. 외팅겐은 여학생들을 대상으로 과거의 경험을 근거로 '소원 성취' 가능성이 얼마나 큰지에 대해 평가해달라고 의뢰했다. 그리고 다시 심리적 대조를 진행했다.

그 결과 처음부터 자신이 성공할 것 같다고 믿었다면 심리적 대조는 그 일을 성공하는 데 더 많은 에너지를 부여했음이 나타났다. 반면 성공 가능성이 희박하다고 생각했던 경우에는 심리적 대조가 오히려 그 일을 해낼 만한 에너지를 더 상실하도록 만든 것으로 나타났다. 외팅겐은 그 외에도 몇 가지 실험을 더 진행했는데, 그 결과들도 상당히 유사했다. 자신감이 부족하거나 지나치게 높은 목표를 설정한 경우에는 스스로도 그 목표를 이룰 수 없다고 생각하는 것으로 드러났다. 이런 경우라면 잠재의식 속에서 어떻게 그 방면에 더 많은 동력을 실어줄 수 있겠는가?

다시 말해 당신의 목표와 계획은 현실적으로 가능해야 한다. 22장의 'SMART 원칙'을 떠올려라. 더불어 자신감이 필수다. 지나치게 부담스럽거나 생활이 복잡하고 자신감마저 결여되었다면 다시 앞 장으로 돌아가 'Action Practice'들을 해보자. 과거와 현재를 잘 정리해야만 더 많은 자신감과 힘이 솟아날 것이다.

원하는 바를 이루기 위해서는 '심리적 대조' 외에도 '실행 의도(Implementation Intention)'가 필요하다. 실행 의도의 첫걸음 역시 '목표'다. 그런데 목표만으로는 부족하다. 목표와 함께 그 과정에서 어떻게 어려움을 극복하고 계획을 실천해갈 것인지도 메모해보자. 그럼 성공의 기회는 훨씬 많아질 것이다.

'실행 의도'와 관련된 수많은 이론과 연구의 시작은 심리학자 피터 골위처(Peter Gollwitzer)로부터였다. 골위처는 성탄절 보고서를 작성하기로 한 학생들을 두 그룹으로 나눴다. 한 그룹에게는 사전에 '언제, 어디서, 어떤 방식'으로 보고서를 작성할지 계획을 세우도록 했고, 다른 한 그룹에게는 보고서 작성 계획을 요구하지 않았다. 실험 결과, 사전에 계획을 세운 학생들 중 71%는 기한 내 보고서를 완성했고, 계획을 세우지 않은 그룹에서는 고작 32%만이 기한 내 보고서를 완성했다.

'실행 의도'를 적용하는 가장 핵심적인 기술은 'A 사건이 발생한다고 가정하면 나는 바로 B 방안을 실행할 것이다'라는 '가설(If then의 설정)'을 세우는 것이다. 예컨대 운동을 게을리했다면 친구가 내게 잔소리하고, 욕하며 정신을 차리도록 만드는 것이다. 혹은 당장 다이어트를 해야 하는데 매번 달콤한 디저트들의 유혹을 뿌리치지 못한다면 미리 계획을 세우는 것이다. 디저트를 보고 참지 못할 경우 당장 친구에게 전화를 걸어 자신을 질책해달라고 부탁하는 것이다. 이런 환기식 메커니즘은 13장에서 언급했던 '율리시스의 계약'과 같은 맥락이다.

그렇다면 심리적 대조와 실행 의도를 함께 활용할 수 있을까? 물론 그렇다! 심지어 가장 효과적인 방법이기도 하다. 이는 외팅겐과 골위처 부부가 합심하여 만든 최상의 방법으로 WOOP라고 한다.

WOOP는 네 가지 단어의 약자로 네 가지 행동으로 구성된다.

W는 Wish, 소원이다. 당신이 가장 이루고 싶은 소원이나 목표는 무엇인가?

O는 Outcome, 결과이다. 당신이 마음속으로 그리는 가장 이상적인 상황은 무엇인가?

두 번째 **O**는 Obstacle, 장애물이다. 당신이 생각하는 결과에 도달하는 과정에는 어떤 어려움이나 장애 요소가 있는가?

P는 Plan, 계획이다. 실행 의도를 어떻게 계획했고, 어떤 계획에 근거해 장애물을 극복할 것인가?

많은 이가 WOOP를 하면서도 모호한 Wish만 가질 뿐 Outcome

은 제대로 설정하지 않는다. 게다가 Obstacle을 파악하고 나면 더욱 움츠러든다. 사실 천칭자리인 나는 평소에도 삼고초려를 하는 편이다. 친구와 약속을 잡을 때도 그렇다. 마흔이 되고 나니 좋은 친구란 일이나 가정 다음으로 소홀히 할 수 없는 부분이다. 진정한 친구라면 굳이 뭘 하지 않아도 옆에 있다는 것만으로도 충분하다. 그저 월말에 한 번 만나 시시콜콜한 이야기나 주고받아도 마음 한구석이 따뜻해진다. 그 냥 그게 다이다.

그래서 나는 친구들과 매달 마지막 주 금요일에 저녁 모임을 갖는다. 모임 장소를 잡는 데만도 나는 반나절의 시간을 할애한다. 이런 Wish를 위해 식당을 찾을 때 거리가 멀지 않고, 음식의 맛이 그저 그렇지 않아야 되는 등의 갖가지 Obstacle을 떠올린다. 그리고 나서야 나는 '모두가 편안히 앉아 웃고 떠들 수 있어야 한다'라는 명확한 Outcome을 도출한다. 숱한 의구심들이 솟구쳤지만 금세 연기처럼 사라지고, 나의 식당 고르기 Plan은 자연스럽게 완성됐다.

한 가지 WOOP의 단계에 따라 진행할 경우 우열의 표만 나열해서는 그 효과가 미미할 것이다. '좋은 결과'가 무엇인지 구체화할 수 없다면 상상의 나래를 펼쳐보는 것도 좋다. 자신이 정말 이런 결과를 좋아할지에 대해 상상해보는 것이다. 가령 최종적으로 선택한 식당이 나와 친구들이 격렬한 논쟁을 벌이고 나서도 또다시 건배하며 웃고 떠들기에 충분한 장소인지 말이다.

'공허'한 상상은 안 된다. '실재'하는 상상이어야 한다. 앞서 강조했듯, 구체적이고 디테일이 살아 있는 상상을 하는 게 매우 중요하다. WOOP를 잘 활용하여, Complainer^(불만을 토로하는 자)가 되지 말고 WOOPer가 되자. 단계마다 나타날 수 있는 어려움을 면밀히 살핀 후 낙관적인 자세로 난제를 해결하자. 그래야만 진정한 긍정적 사고를 했다고 할 수 있다.

긍정적 사고를 향한 항해

이 책의 앞의 내용을 신뢰한다면 인생을 비관적인 시선으로만 보지는 않을 것이다. 그렇다고 해서 무조건 긍정적 사고만 해야 한다는 의미는 아니다. 외팅겐은 《무한긍정의 덫》이라는 저서에서 많은 사람이 낙관적 사고와 긍정적 사고를 하면 아무런 문제가 없다고 생각하지만, 모든 사안에 대해서 '지성이면 감천이다'라는 낙관적인 사고만 한다면 오히려 독이 될 수 있다고 지적했다.

앞선 연습에서처럼 조용한 장소를 찾아 마음을 편안히 하고 일상이나 일에서 원하는 바를 상상해보자. 그리고 간단히 메모해보자.

이 소망에 대한 최상의 결과는 무엇인가? 상상력을 발휘해 최상의 결과를 누려보고 간단히 기록해보자. 이어서 원하는 바를 이루기까지 마음속의 어떤 요소들이 방해되는지를 고민해보고 그 때문에 떠오른 느낌을 간단히 기록해보자.

마지막으로 장애물을 만났을 때 어떻게 대응할지 생각해보자.

이렇게 WOOP적 사고 과정을 모두 밟았다! 이런 방식으로 생각하고 계획한다면 효과적으로 자신을 만들어갈 수 있다. 그 상황을 느껴보는 일은 어쩌면 단순해 보일 수 있다. 핵심은 과연 그 계획을 구체적으로 기록하기 위해 시간을 할애하여 노력하는가에 달려 있다.

자, 이제 움직여보자!

WOOP 연습을 해보자

자신에게 3분을 주자. 깊게 심호흡을 하고 자신의 상황을 조정해보자.

1단계: 소원 Wish
당신이 원하는 바를 한 문장으로 적어보자.

2단계: 결과 Outcome
최상의 결과가 무엇인지, 당신의 느낌은 어떨지 상상해보자.

3단계: 장애물 Obstacle
어떤 장애물들이 예상되는가?

4단계: 계획 Plan
상술한 장애물을 어떻게 극복할 것인가?

25

'퉤퉤퉤' 대신 '하하하'

Hey! WOOPer로 변신했는가? WOOP 사고방식이 긍정적이면서
도 현실적이라는 사실을 알아차렸는가? 배가 스스로 부두까지 갈 수
있다고 생각해선 안 된다. 인생에는 숱한 변수가 널려 있는 만큼 우리
는 우환의식을 갖고 준비해야 한다. 그래야만 가장 낙관적인 자세로 앞
으로의 날들과 도전을 받아들일 수 있을 것이다.

언젠가는 당신이 어떤 세상에 살고 있는지 또 어떤 권력자들이 세상
을 움직이며, 자신의 생명 근원은 어딘지에 대해 알아야 할 것이다. 또
자신에게 주어진 시간이 제한적이며, 그 시간 동안 자신을 옭아맨다
면 시간은 금세 사라지고 다시는 돌아오지 않을 거라는 사실을 기억
해야 한다.

_마르쿠스 아우렐리우스의 《명상록》 중에서

최근 몇 년간 구미권에서는 기원전 3세기의 '스토아학파' 열풍이 불었다. 로마제국 5현제(五賢帝) 시대의 마지막 황제 아우렐리우스는 스토아학파의 대표적 인물이다. 아우렐리우스의 저서 《명상록》 역시 자아 대화의 최고 경전으로 평가되고 있다.

물론 여기서 스토아학파에 관하여 깊이 있게 논하려는 것은 아니다. 다만 스토아학파의 핵심 사상을 배울 만한 가치가 있음을 말하고 싶다. 그것은, 어떤 일이나 목표가 있다면 이를 통제 가능한 것과 불가능한 것으로 구분하고 통제 범위를 넘어선 부분은 받아들이면서 가능한 부분에 온 역량을 쏟아부어야 한다는 점, 이와 함께 최악의 상황을 고려해 최선의 준비를 해야 한다는 점이다.

이 '철학가 황제'가 말한 바대로 우리는 자신에게 주어진 시간을 충분히 활용해 '자신을 풀어줘야' 한다. 마음과 같지 않은 인생도, 세상을 쥐락펴락하는 권력도 말끔히 잊어버릴 수 없다면 만반의 준비를 통해 태연하게 마주해야 한다.

이런 얘기를 하다 보니 얼마 전 아버지가 건강검진을 받으러 가셨을 때의 일이 생각난다. 아버지가 간병인에게 아주 좋은 '묫자리'를 사두었다고 하시자, 간병인이 어쩔 줄 몰라 했다. 그러자 아버지는 웃으며 이렇게 말씀했다.

"나이가 들고 죽는 것은 아주 당연한 거요. 나도 일찍 죽길 바라진 않아요. 그래서 모두들 건강검진을 받는 거 아니오?"

사실 우리 집에선 '죽음'을 입에 담는 걸 금기시하지 않는다. 열 살되던 무렵부터 부모님은 멀리 여행을 가기 전에 서랍 속의 봉투를 건네곤 하셨다. 그 안에는 보험증서와 통장 등이 들어 있었다. 혹여 뜻밖의 사고가 났을 경우 봉투 안의 내용들로 잘 처리하라는 의미였다. 쉽게 상상이 되진 않을 것이다. 겨우 열 살인 내가 들었을 때도 온몸에 소름이 돋았으니까. 하지만 이 역시 해외여행을 가기 전 보험을 드는 것과 같은 '최악의 상황'을 위한 '최선의 준비'였던 것이다.

중국 문화에는 적지 않은 금기어가 있다. 불운한 말 자체를 부정 탄다고 여기고 그 즉시 '퉤퉤퉤'라는 말과 함께 그 생각을 말끔히 지워버린다. 생각하면 할수록 더 위험해지기라도 하듯이 말이다. 하지만 앞으로의 위험을 알았다면 얼른 타당한 행동을 취해야 하는 게 아닌가? 왜 아무런 행동도 취하지 않는 걸까?

심리학에서는 과거가 현재를 만들고 미래에도 영향을 미친다고 본다. 하지만 최근 들어 심리학계에선 '미래심리학(Prospective Psychology)'이라는 새로운 연구 열풍이 불고 있다. '미래심리학'에서는 사람은 미래 지향적 동물이므로 미래에 대한 상상이 현재의 느낌을 결정한다고 보고 있다. '미래심리학'의 주요 연구자는 바로 '긍정심리학의 대부' 셀리그만과 '의지력의 권위자'로 불리는 외팅겐이다. 이 두 사람 모두 매우 명망 있는 학자들이다.

'미래심리학'은 두 가지 항목을 포함한다. 첫 번째는 '심적 표상(Mental Representation)'으로 사람의 정서, 반응, 감정과 이런 느낌들이 마음속 풍경을 어떻게 형성하는지를 내포한다. 두 번째는 '미래의 각종 가능성에 관한 평가(Evaluation of Possible Future)'이다. 여기에는 각종 선택 가능한 항목의 계획과 예측 과정이 포함된다. 이 연구 분야는 과거와는 달리 당신이 기쁜지 혹은 속상한지에 주목한다. 이는 미래의 당신이 어떻게 느낄지를 보는 것이다.

내 아버지는 이제 '마음이 가는 대로 해도 아무런 무리가 없다'는 고희에 접어드셨다. 최근 몇 년 사이 아버지의 살림이 점점 단출해지고 있다. 그간 모아둔 소장품들을 곳곳에 기부하셨고 심지어 결혼 예물까지도 미술관에 기증하셨다. 아버지는 말씀하신다.

"나이가 들수록 가벼워져야 한다."

내가 그리는 미래가 지금 우리의 감정에 영향을 준다. 소소하게는 '여행이 끝나가는 것을 외면하고 싶은 마음'에서부터 '삶과 죽음의 경계에 섰을 때'까지 말이다. 이런 생각들은 무조건 피한다고 될 일이 아니다. 오히려 더욱 용기 있게 마주하며 하루라도 빨리 최상의 준비를 시작해야 한다.

21장에서 25장까지 우리는 '단기 목표'를 위해 어떻게 하면 더 건설적인 상상을 할 수 있을지를 고민해보고 WOOP 기법을 활용해 계획을 세워보았다. 그럼 이제부터는 범위를 넓혀 좀 더 멀리 바라보자. 앞으로 어떤 일들이 벌어질지는 아무도 알 수 없다. 다만 '미래에 대한 상상'이 '지금' 우리에게 이처럼 중요하다는 사실을 알았다면 좀 더 훌륭하고 건설적인 미래를 설계해야 하지 않을까?

이 책도 이제 끝을 향해 달려가고 있다. 우리는 준비를 마쳤다. 더 먼 미래를 위한 준비를 위해 함께 타임머신에 타고 미래로 가보자!

미래를 향한 공상

어린 시절, 선생님은 늘 내게 말씀하셨다.

"쉬안, 또 무슨 생각을 하는 거니? 집중! 집중! 집중! 더 이상 공상은 안 돼!"

하지만 나는 언제나 풍요로운 내 마음속 세상과 내가 만든 유토피아에서 갖가지 상상의 나래를 펼치는 걸 무척 좋아했다. 이후 어른이 된 여동생을 보니 이 아이 역시 자주 공상에 빠져 있었고, 심지어 딸아이 첸첸에게도 이런 기질이 있었다. 첸첸은 종종 장난감을 제쳐두고 무언가를 바라보며 멍하니 있거나, 창밖 햇볕 아래의 나뭇잎이 움직이는 그림자를 바라보며 골몰한다.

마치 예전의 나를 보는 듯하면서도, 나 역시 그새를 참지 못하고 아이를 부르곤 한다.

우리는 깨어 있는 시간 중 1/3에서 절반 정도의 시간 동안 공상에 빠진다. 바꿔 말하면 늘 공상하고 있다는 의미다, 그저 의식하지 못할 뿐!

공상은 누구나 할 수 있다. 많은 사람이 이를 시간 낭비라고 생각하지만 내 생각은 좀 다르다. 최근 몇 년간 많은 책을 보고 연구하면서 공상에 빠지는 건 우리의 본능이자 권리라는 생각이 들었다.

우리는 공상에 빠져야 하고, 이런 공상은 미래를 보는 데 도움 될 것이라고 믿는다.

공상 모드에 돌입해 10년 후 이상적인 하루를 적어보자

이번 장의 연습 내용이 흥미롭게 느껴지는가? 왜 10년 후일까? 사실은 '지금'의 생활에서 벗어나는 상상을 하려는 것이다. 그런데 '다음 달의 이상적인 하루'를 상상해보라고 한다면 분명 '지금'의 한계에 부딪힐 것이다.

하지만 '10년 후'라면 진정으로 원하는 삶을 상상해볼 수 있을 것이다. 10년 역시 꽤 긴 상상이다. 그 사이 미지수가 가득할 테니까 충분히 일어날 만한 일을 상상해야 한다. 원하는 바를 위해 날마다 노력한다면 10년 후에는 분명 이루어져 있을 것이다.

1. 주변 환경은 어떤가? 집의 외관과 내부는 어떠한가?

2. 하루의 스케줄은 무엇인가? 누구를 만났는가? 당신 곁에는 누가 있는가?

3. 지금의 느낌은 어떠한가?

Step

6 당신의
초능력을
믿어라

HOPE LOVE WISDOM

당신에게 스스로도 몰랐던 초능력이 있다면
믿을 수 있겠는가?
나는 X교수가 아니다.
하지만 이 책의 마지막 5개의 장에서 나는
작은 심리학적 테스트를 하려고 한다.
당신이 성격의 장점을 발견하고 활용하여
좀 더 업그레이드된 자신과 만날 수 있도록
돕고자 한다.

PERMA

26

오래오래 행복한 인생

'즐거움'을 추구하는 것을 등산에 비유한다면 저마다의 길과 단기적인 목표가 있을 것이다. 하지만 정상에 올라 잠깐의 즐거움을 느꼈다면 그다음은 무엇일까? 긍정심리학자들은 행복을 연구할 때 환경보호론자들과 같은 목표를 갖는다. 바로 '지속 가능성(Sustainability)'이다. 좀 더 정확하게 말한다면, '지속 가능한 발전을 하는 행복한 인생(Sustainable Happiness)'이다. 수많은 통계와 분석을 통해 학자들은 행복의 5대 영양소인 'PERMA'를 찾아냈다. 실생활에 이 요소들이 있다면 지속 가능한 행복은 곧 찾아올 것이다. 자신의 '행복 영양소'는 과연 충분한지 함께 살펴보자.

당신이 생각하는 10년 후의 이상적인 삶은 어떤 모습인가? 정신을 차리고 눈을 떴을 때 당신은 어디에 누워 있는가? 주변 모습은 어떠한가? 당신 옆에는 누가 누워 있는가? 침대에 앉아서 창밖을 바라보자.

어떤 풍경이 펼쳐져 있는가? 어떤 빛이 들어오는가? 침실을 나서면 무엇이 보이는가? 무슨 소리가 들리는가?

나는 화이트 인테리어에 깨끗하게 정돈된, 채광이 좋은 방에서 눈을 뜰 것이다. 유리창 밖으로는 푸른 바다가 펼쳐져 있고 파도 소리도 들린다. 집 안은 넓고 세련되었다. 북유럽 스타일의 가구들이 놓여 있는 미니멀하면서도 편안한 공간이다. 운동을 마치고 돌아온 아내는 주방으로 간다. 과일주스를 만드는 소리가 들리고 두 아이는 해변에서 서핑을 즐기고 있다.

내가 꿈꾸는 10년 후는 이런 모습에서 시작된다. 당신은 어떤가?

나는 사람들과 이런 상상 게임을 즐긴다. 대부분 쉽게 풍요로운 장면들을 떠올린다. 어떤 사람들은 가구와 차의 브랜드까지 상상하며 카운트다운을 하기도 한다. 대다수가 이상적인 하루, 자기만의 시간을 충분히 누린다거나 하고 싶은 일을 하며 극한의 자유를 누리는 시간을 쉽게 상상할 수 있다.

그런데 미래의 행복을 점에서 선으로 연결해보면 동떨어졌던 하루가 한 달이 되고, 일 년이 된다. 더 이상 하나의 장면이 아니라 라이프 스타일 자체가 돼버리면 사람들은 다시 골똘히 생각에 잠겨 눈살을 찌푸린다.

"왜 눈살을 찌푸리나요?"

내가 물었다.

"어떻게 계속 행복하기만 하겠어요? 이건 비현실적이에요! 이상적인 생활이 되려면 일을 해야 해요! 또 가족도 돌봐야 하고요! 그리고 처리해야 할 일이 얼마나 많은데요!"

"가족, 일…… 모두 포함시키면 되지요!"

"미래의 이상적인 삶에 포함시키라고요?"

"그럼요!"

"그럼 이상적일 수 있을까요?"

마음속 갈등을 이겨내고 그들은 다시 이해하려 노력한다. 미래의 상상은 단순한 순간도 아니고 휴가 때나 일어날 법한 일이 아님을 말이다. 분명 하나의 생활 모습이어야 하며 그 생활에는 인생에 필요한 희로애락이 포함되어야 함을 말이다. 물론 원치 않았던 일도 있겠지만 전반적으로는 행복하고 아름다우며 그런 모습들을 계속 발전시켜 나아가는 것임을 말이다.

이 역시 긍정심리학자들이 말하는 '지속적으로 발전 가능한 행복'이다. 학자들은 이렇게 자문한다. 어떤 문화권에 속하든, 또 빈부와 상관없이 어떤 '행복의 요소'가 있다면 겉으로 드러나는 물질적인 욕구와 제로섬게임의 형식을 넘어설 수 있을까? 그러면 가장 공평하고 모두가 할 수 있다는 토대 위에서 모두에게 지속적이고 안정적인 행복을 안겨주고, 미래의 지속 가능한 발전까지 뒷받침할 수 있을까?

셀리그만은 수많은 긍정심리학자와 다년간의 연구와 토론을 진행해왔다. 전 세계를 돌며 얻은 빅데이터의 결론은 한 사람이 행복한 미래를 갖기 위해서는 반드시 5대 요소가 필요하다는 점이었다. 이 5대 요소는 영문 약칭으로 'PERMA'이다. P는 '긍정적 감정', E는 '대상에 대한 몰입', R은 '좋은 관계', M은 '생명 존재의 의미', A는 '성취감'이다.

준비되었는가? 이제 '행복의 5대 요소'를 좀 더 깊이 이해해보자.

P → 긍정적 감정(Positive Emotion)

'긍정적 감정'이란 듣기에 매우 추상적이다. 풀어서 얘기하면 분명한 행복감이다. 긍정적 감정에는 여러 가지*가 있다. 예컨대 긴 하루를 지낸 후 숙면을 취하거나 따뜻한 물에 목욕한 후, 혹은 안마를 받을 때의 만족감이나 아이들이 진흙 속을 뒹굴며 하하호호 소꿉놀이하는 모습을 보거나 일렉뮤직 파티에서 음악에 따라 몸을 흔들며 느끼는 즐거움 등이 모두 행복이다.

긍정적 마인드와 즐거움은 우리 삶에 없어서는 안 될 요소다. 이들은 각기 다른 면모를 가지고 있는데 주의할 점이 있다. 바로 어느 한 부분에만 치중해선 안 된다는 사실이다. 사람들에게 떠받들어지며 향락을 누려야만 '긍정적 감정'이 생길까? 당연히 아니다. 자신과 다른 사람에게 피해를 주지 않는다는 전제 아래 안정적으로 긍정적 감정과 즐거움을 찾을 때 생활에 긍정적인 진정제 역할을 할 수 있다.

나는 아침 일찍 일어나 떠오르는 태양을 바라보며 주변 세상이 천천히 깨어나는 소리에 귀 기울이는 것을 좋아한다. 이런 것들이 내 마음에 안정과 기쁨을 주기 때문이다. 그래서 틈이 날 때면 기상하자마

---

* 당신은 종종 긍정적인 사고를 하고 긍정적인 감정을 가져야 한다는 말을 들을 것이다. 긍정적인 감정이란 무엇인가? 긍정적 감정은 '즐거움'만을 뜻하지 않는다. 즐거움 역시 종류가 다양하다. 긍정적 감정을 다년간 연구한 바버라 프레드릭슨(Barbara Fredrickson)은 긍정적인 감정을 열 가지로 분류했다. 즉, 사랑·즐거움·감사·안정·흥미·소망·자부심·재미·감화·경외이다. 당신은 언제 이 감정들을 느끼는가?

자 산책을 나선다. 그것이야말로 아주 견고한 긍정적 감정의 근원이기 때문이다.

E → 몰입(Engagement)

당신도 나처럼 일에 몰두했거나 책 속에 파묻혔을 때 시간관념을 잊어본 적이 있을 것이다. 그런 몰입의 시간이 바로 20장에서 언급했던 '플로우'이다. 이런 몰입 상태에 진입하는 것은 아주 자연스러운 일이다. 특히 자신이 좋아하고 잘할 수 있는 일을 할 때라면 말이다. 아이들 이 자신이 흥미로운 일에 쉽게 빠져드는 것도 같은 맥락이다.

그런데 어째서 어른이 된 후에는 쉽게 몰입하지 못하는 것일까? '해야 할 일'에 몰입하는 것이 힘들다면 그것은 무척 고민스러운 일이다. 그럼 춤이나 운동 또는 창조적 활동이나 흥미, 취미 등을 하면서 스스로 몰입할 시간을 가져보는 건 어떨까?

R → 관계(Relationship)

친밀하고 유의미한 관계는 한 사람의 행복 그리고 심리 건강과 아주 밀접한 관계가 있다. 단지 가족만을 의미하는 것이 아니라 낯선 사람과의 아주 짧은 만남, 동년배 혹은 동료들과의 사회생활도 포함된다. 이 관계는 긍정적인 정서와 지지의 근원이 되는데, 건강한 사회생활을 가능케 한다.

하버드대학교에서는 8년 전 추적 연구*

(현재 이미 전 세계에서 가장 오랜 추적 심리 연구 중 하나가 되었다)를

시작했다. 해당 연구 결과에 따르면 인생의 즐거움에 영향을 미치는 최대 요인은 돈도, 권력도, 명예도 아닌 깊고 친밀한 관계를 형성한 상대가 있는지의 여부였다.

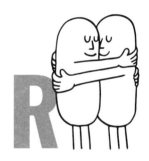

M → 의미(Meaning)

긍정심리학자의 정의에 따르면 진정한 행복의 근원은 '의미 있는 생활'이지, 쾌락과 물질적 부만 추구하는 것이 아니다. '의지력'은 많은 부분에서 얻을 수 있다. 사명감 있는 당신이라면 의미 있는 일에 종사할 것이고, 동시에 배우자는 사랑만 받는 것이 아니라 '자신 외의 다른 사람'의 행복도 고려해야 한다고 독려할 것이다. 이 또한 매우 의미 있는 느낌이다.

의미 있는 삶이란 본질적으로 '자신을 자신보다 더 큰 사명을 위

---

* The Havard Study of Adult Development(http://www.adultdevelopmentstudy. org) 처음에는 '그랜트 연구(Grant Study)'라고 불렀다. 하버드대학교 학자들은 1939년에서 1944년까지 하버드 영재 학생 268명을 추적했다. 그들이 졸업한 이후부터 2년마다 한 번씩 추적 조사했고 이후에는 '대조그룹'으로 보스턴 시내 빈곤 가정의 456명의 청소년을 연구 대상으로 참여시켰다. 이 '출발선'이 아주 다른 두 그룹의 인재들은 지금 모두 노인이 되었다. 현재는 그들과 그들의 후손을 함께 추적 연구 중이다. 하버드대학교는 2015년 출판한 연구 보고인 'Triumphs if Experience'로 열띤 논쟁을 끌어냈다. 특히 연구주임이던 조지 베일런트(George Vailant)는 직접 "관계의 친밀도는 생활 만족도에 가장 큰 긍정적 영향을 미친다"라고 말했다. 즉, 행복은 사랑이다. 이렇게 간단한 것이다.

해 바치는' 것과 절대적인 관계가 있다. 인생은 '자아'만 있는 게 아니다. 따라서 신앙을 가진 사람은 쉽게 '의지력'을 얻는다. 자신보다 더 위대한 신을

숭배하는 이유에서다. 그렇다고 해서 신앙을 통해서만 의지력을 얻을 수 있는 것은 아니다. 사람마다 의미를 찾는 과정은 다르고 얻는 답안 또한 다르다. 중요한 것은 '당신이 계속 찾을 것인가'이다.

A → 성과(Accomplishment)

삶에 명확한 목표가 있고 이 목표를 실현하기 위해 노력하는 것은 행복하고 즐거운 삶을 위한 상당히 중요한 요소다. 목표를 이루는 것은 자신감과 자기효능감을 형성하는 데 유익하게 작용한다. 더불어 주변 사람들도 응원할 수 있다. 예컨대 적극적으로 목표를 세우고 이뤄낸 가장(매일 운동하는 좋은 습관 유지)이라면 아

이들이 보고 배울 수 있다. 이게 바로 '말보다 행동으로 보여주는 교육'이다. 덧붙이자면 설정한 목표를 모두 이루지 않아도 된다. 목표를 세우고 이 목표를 실현하기 위해 기울인 노력들도 목표를 이루는 것만큼 중요하기 때문이다.

당신은 아주 잘하고, 잘해낼 수 있는 일이 있는가? 당신의 작품집이 있는가? 어떤 일이든 자신 있는가? 자신에게 여러 개의 관문을 설정했다면 앞으로 하나하나 이겨나갈 수 있겠는가? 당신은 자율적인 습관을 통해 긍정적인 변화를 이뤄냈는가? 이러한 것들은 하나하나 아주 훌륭한 성취감의 근원이 될 것이다.

'PERMA'는 수많은 테스트를 거쳐 실제로 활용되었고, 그 결과 정말 많은 사람이 더욱 즐겁고 행복해졌다. PERMA가 '영양 균형표'라면 건강한 몸과 야채, 뿌리채소, 단백질 등의 영양소를 고루 갖춘 균형적인 식생활이 수반되어야 한다. 마찬가지로 앞으로의 생활을 계획하고 행복한 나날을 누릴 때도 PERMA라는 요소들을 두루 살펴야 한다.

내가 강조하고자 하는 것은 PERMA의 각 요소가 반드시 20%씩 차지해야 하는 것은 아니라는 점이다. '성과'가 작은 경우에는 '관계'가 당신의 행복을 보충해줄 수도 있다. 좌절을 겪은 날들도 있겠지만 의지력으로 정신을 차리고 자신을 돌보는 방법을 터득해 즐거운 인생을 살 수도 있다.

좀 더 적극적으로 활용하려면 사전에 'PERMA를 보완하는 시간'을 계획해볼 수 있다. 휴가를 예로 들어보자. 고품격 휴가라면 결코 빡빡한 스케줄이 아닐 것임을 알아야 한다. 워커홀릭인 나 같은 경우는 평소 M과 A가 과잉이기 때문에 휴식 기간에는 P, E, R에 좀 더 많은 비중을 두는 편이다.

일을 위해 사는 사람들에게도 PERMA와 업무 모드는 아주 밀접하게 연결되어 있다. 하지만 좀 더 냉철히 생각해보면 인생은 일이 다가 아니다. 10년 후의 이상적인 날을 함께할 미래의 주거공간을 상상해 볼 수 있다. PERMA라는 구조를 활용해 미래의 생활수준을 상상해봐도 괜찮다. 당신은 어떤 방식으로 어떤 일을 하고 또 어떤 사람들과 어울리며 당신의 PERMA에 지속적으로 양분을 공급하겠는가?

이렇게 10년 후의 이상적인 삶을 그리다 보면 무언가 또렷해지면서 새로운 깨달음을 얻을 수 있을 것이다.

지금 당신의 PERMA는 몇 점일까?

'행복감'을 어떻게 가늠할 수 있을까? 나는 좀 더 정량화된 지표를 공유하고자 한다. 이번 장의 PERMA를 다 읽었다면 각 요소를 해체하고 아래 네 가지 대상들에 대해 0점부터 5점까지 점수를 매겨보자. PERMA의 요소별 최고점은 20점이고, 총점은 100점이다.

이 네 가지 대상은 다음과 같다.

Situation(환경)
지금의 생활에서 위에 말한 행복의 요소를 만들거나 얻을 수 있는가?

Memory(추억)
특별히 기억에 남는 일이 있는가? 시간이 흐른 지금도 그때를 떠올리며 그 대상으로 말미암은 설렘이 있는가?

Activity(행동)
지금이 행동을 취할 때인가? 업무이든 휴식이든 이런 느낌을 줄 수 있는가?

Support(뒷받침)
좌절하거나 무기력함을 호소할 때 다시 회복할 수 있도록 도움을 줄 사람들이 있는가?

	Situation (환경) 0~5점	Memory (추억) 0~5점	Activity (행동) 0~5점	Support (뒷받침) 0~5점	총점
P 긍정적 감정					
E 몰입					
R 관계					
M 의미					
A 성취					

위의 표를 채우고 자신의 PERMA 요소들을 배열해보면 어떤 부분이 강하고, 어떤 부분이 약한지 알 수 있다.

가령 당신의 A(성취) 점수가 낮은 편이라면 '지금 쉽게 성취감을 느낄 수 있는 환경인지, 성취에 대한 기억이 부족하진 않은지, 누가 자신을 응원했는지, 지금의 행동으로 더 많은 무엇을 할 수 있는지, 이를 통해 일상에서 더 많은 성취감을 느꼈는지'를 살펴봐야 한다.

행복은 구체화할 수 있다.

27
당신의 강점을 찾아라

연구실을 찾은 학생들에게 이런 질문을 한 적이 있다.

"자신의 최대 장점이 무엇인가?"

답변은 다양했다. 적극적이라는 사람, 물건을 잘 고를 줄 안다는 사람, 절약 정신이 투철하다는 사람……. 나는 장점은 정의 내리기 참 어렵다는 생각을 했다. 혹시 당신도 나와 같은 느낌일까? 그럼 과연 어떤 장점들이 우리의 미래에 행복을 안겨줄 수 있을까?

20세기 중반에 접어들면서 정신과 의사들은 아주 심각한 문제에 눈을 떴다. 의사마다 진료 기준이 각양각색이라는 점이다.

정신과 질환은 기기를 통해 진단하기가 쉽지 않다. 상호작용과 대화 등을 통해 진단을 내린다. 그렇다 보니 의사마다 해석과 이해가 달라 다른 결과가 나오는 일이 심심치 않게 발생한다. 예컨대 같은 환자를 두고, A 의사는 조울증이라고 진단한 반면, B 의사는 우울증에 이

따금 오는 불면증이라고 말한다. 두 의사에게는 공통된 진단 기준이 없는 것이다.

그래서 미국정신의학협회(APA)는 학자, 의사, 전문가 들에게 정신질환을 위한 진단 기준을 정하고 의학 용어를 통일하기 위해《DSM(정신질환 진단 및 통계 편람)》을 참고하자고 호소했다.

간단히 말해《DSM》은 정신질환의 바이블이다. 의사들은 이 책을 참고해 자신의 환자가 어떤 정신질환을 앓고 있는지 진단한다. 이런 과정을 거쳐 정신의학은 비로소 표준화되고 체계화될 수 있었다. 이는 정신의학계 발전에 큰 획을 그었으며 빠르게 정신의학계에 활용되었다. 하지만《DSM》은 점차 '심리학'에서 '병리연구'라는 타이틀로 변화되는 대가를 치르지 않을 수 없었다.

출판된 이후《DSM》은 다섯 차례 개정되었다. 1952년 출판된 초판은 60종의 정신질환 기준을 담았지만, 최근 발표된 다섯 번째 버전(DSM-5)에는 그 대상이 300여 종으로 늘어났으며 더 이상 참고서가 아닌 백과사전으로 거듭났다*16.

무섭지 않은가?

심리학자들은 이에 대해 '인간을 병이 있고 없고'로밖에 구분할 수 없냐며 항의했다. 그럼 '정신질환 증상'이 없다면 그 사람은 행복한 걸까? 또 병이 없는 사람은 무조건 '건강하다'로 규정할 수 있는 걸까?

어째서 하나의 시스템만으로 '마음의 병'은 표준화하면서 사람의 '심

---

* 왜 현대인들의 병은 점점 많아지는가? 또 의사들은 왜 무슨 상황이든 모두 병리적인 기준을 갖다 대는 걸까? 지금《DSM》기준에 따르면 거의 모든 사람이 특정 부분의 정신병이 있다는 진단을 받게 되는 건 아닌지 의문스럽지 않을 수 없다.

리 건강'을 측정할 기준은 없는 것인가? 도대체 어떤 상태가 '건강'한 상태이며, 그 특징은 무엇인가? 그 특징만 갖추면 마음이 건강해지고 더 행복하고 즐거운 삶을 살 수 있는 걸까?

저항의 목소리가 점점 커지면서 '긍정심리학'이 등장했다.

긍정심리학자의 초심은 정신과 의사들과 척을 지는 게 아니었다. 단지 질병이란 매우 중요하지만 다른 관점에서 어떻게 마음을 건강하게 할 수 있을지 고민해볼 필요가 있다고 생각한 것이었다.

신체와 마찬가지로 마음도 병에 걸렸을 때와 평상시의 상태, 또 아주 건강한 상태가 있다. 일반적으로 대다수 사람의 몸 상태는 병이 났을 때와 평상시의 상태 사이에 있다. 규칙적인 체력관리와 충분한 영양 보충을 해야만 비로소 '건강한 상태'가 된다.

뇌와 마음도 마찬가지다.

그렇다면 뇌는 어떻게 하면 건강한 상태가 될까? 셀리그만과 크리스토퍼 피터슨(Christopher Peterson)은 이 문제를 놓고 심도 있게 연구했다. 그들은 일부 사람의 공통된 심리 상태이자 마음을 긍정적으로 변화시키고 인생을 발전시키는 데 유익한 '성격적 장점(character strengths)'을 찾고자 했다.

우선 그들은 이러한 강점은 '선천적인 부분'과 달리 반드시 후천적인 학습을 통해 길러야 하며 누구라도 발전시킬 수 있는 부분이어야 한다고 말했다. 그뿐만 아니라 과거부터 지금까지 어떤 문화권에서도 '좋은' 특징으로 인정받아야 한다는 점도 덧붙였다.

이 밖에 이런 강점은 '배타성 효과'가 있어서는 안 된다. 다시 말해 특정한 강점을 보였을 때 자신만 좋고 남은 불쾌하게 해선 안 된다. 즉, '제로섬게임(Zero-Sum Game)'의 상황을 초래해선 안 된다.

물론 이런 강점 역시 구체적으로 측정해낼 수 있어야 하며 '부정적인 약점이 없다는 것'에 만족해서는 안 된다.

이런 기준들을 읽고 나면 진정한 강점을 찾기가 놀라울 정도로 어렵다는 사실을 알 수 있다.

수많은 토론과 논쟁을 거쳐 세계적 학술포럼에서 발표되고 다시 수정을 거친 후 학자들은 24개의 성격적 강점을 정리해 발표했다. 이는 여섯 가지 유형의 '기본적인 미덕'으로 귀결된다(부록을 참고하길 바란다. 단 27장의 Action Practice를 하고 난 후 다시 보자). 이런 인격적 특징은 우리 인생의 마디마디에 상당한 영향력을 발휘할 수 있다. 좋은 특징들을 잘 활용할 줄 알아야만 당신의 강점이 되어 더 건강한 마음과 행복한 인생을 만드는 데 밑바탕이 될 것이다.

그 누가 건강한 마음가짐과 행복한 삶을 거부하겠는가? 자신의 성격적 강점이 무엇인지 매우 궁금하지 않은가? 이제 Action Practice를 통해 자신을 조금 더 이해해보자!

당신의 강점을 소환하라

이번 장의 Action Practice 완성을 위해 10분간 안정을 취해야 한다. 우선 아래 세 가지 문제에 답해보자.

1. 존경하는 인물을 떠올리고 그의 어떤 점이 당신에게 깊은 인상을 주었는지 적어보자.

2. 자신에게 어떤 강점들이 있다고 생각하는가?

3. 어린 시절부터 어른이 되기까지 주변에서는 당신의 강점을 무엇이라고 평가하는가?

당신의 성격적 강점을 측정해보자

　두 번째 부분은 아래 단계에 따라 온라인 자아 테스트를 하고 당신의 강점을 살펴보자. 측정 결과가 의아하거나 받아들이기 힘들 수도 있다. 우선 말해둔다. 이 시스템은 심리학계에서 엄격한 검수를 거쳐 지금도 조금씩 수정을 하고 있다. 비록 이 이론이 2004년에 세상에 알려졌고 매우 신선하지만, 여전히 이 시스템의 정확성과 효과를 입증하기 위해 부단한 노력을 기울이고 있다. 다음은 강점을 활용하는 방법을 좀 더 익혀 자신을 빛내보자.

1-1 인터넷 접속을 하고 자신에게 15분간 집중할 시간을 주자.

1-2 http://bit.ly/xuanviasurvey에 접속하자(혹은 아래 QR code를 스캔).

1-3 테스트를 시작하자. GO!

2. 아래에 당신의 다섯 가지 성격적 강점을 적어보자.

1.
2.
3.
4.
5.

3. 결과가 자신의 기대에 부응하는지, 어떤 점이 의외인지 자문해보자.

28
자신의 성격적 강점을 받아들여라

자신의 강점을 직접 말하기란 쉬운 일이 아니다. 하지만 심리학자들은 문화를 뛰어넘어 지구촌의 모든 사람이 인정할 만한 강점을 찾아냈다. 이 강점은 마치 당신의 핏속에 남몰래 흐르는 초능력처럼 스스로도 의식하지 못할 수 있다! 자신에게 내재된 귀한 보물을 알아차리고 잘 활용해 세상에 드러내자.

강점 테스트를 한 결과는 당신이 본래 생각했던 대로인가? 아니면 전혀 뜻밖의 결과인가?

당신은 아마 이렇게 생각할 것이다.

'이게 강점이라고?'

그런데 이런 생각은 잠시 접어둬라. 지금 이야기하는 강점이란 우리가 일반적으로 생각하는 '업무적인 강점'이나 '경쟁력'을 뜻하는 게 아니라 심리적 건강과 행복감을 쉽게 가질 수 있도록 하는 것을 뜻한다.

우선 당신의 다섯 가지 강점(리스트의 가장 위쪽부터 기록된 다섯 가지)을 살펴보자. 이 조합은 당신의 '대표 강점(Signature Strengths)'이다. 당신은 테스트를 통해 도출된 결과를 보고 다소 의아해할 수도 있다. 예컨대 '감사하는 마음(Gratitude)'도 강점으로 봐야 할까? 우리 사회에서 '감사를 표하는 것'은 예의 있는 모습으로 간주된다. 하지만 미래의 행복에 과연 실질적인 도움이 될까?

그럼 '용서(Forgiveness)'와 '자비(Mercy)'를 보자. 이런 강점을 가진 사람이 무언가 실수를 하면 '마음이 너무 약하다'라는 핀잔을 듣게 되고, 극단적으로는 '괴롭히기 쉬운' 상대로 보일 수 있다. 그런데 이런 강점들이 한 사람의 '건강한 마인드와 행복한 인생'을 만든다는 사실을 간과해선 안 된다. 그러므로 '감사하는 마음'이라는 강점은 '다른 이의 도움을 당연시하지 않고 늘 고마움을 표현하는 것'이라고 해석한다.

용서와 자비는 '다른 이의 잘못을 용서하고 두 번째 기회를 주며, 복수가 아닌 인자한 마음을 품고 사는 것'이라고 이해할 수 있다.

그렇다면 이런 사람들은 더 쉽게 행복하고 자유로울까? 이런 강점들이 '강압적으로' 만들어진 게 아니라면(어쩔 수 없이 용서하거나 감사해야 하는 경우) 그럴 것이다. 하지만 마음이 원치 않는다면 이는 성격적 강점이라고 볼 수 없다.

감사할 줄 알고 관대한 마음을 가진 이는 분명 행복한 사람이다. 그렇지 않은가? 당신이 이런 성격적 강점들(앞서 말한 다섯 가지 강점들)을 실천하다 보면 더 행복해질지도 모를 일이다. 당신도 이제 알아차렸는지 모르겠지만 이런 성격적 강점들은 유형 혹은 무형의 부를 축적하는 데 도움되는 게 아니다. 그저 성격적 강점들을 실천에 옮기면서 스스로 즐겁고 만족하는 것이다. 마음 가는 대로 움직이는 만큼 막힘이 없을 테니까.

이런 '대표적인 강점'이 진정 자신만의 것인지 잘 모르겠다면 스스로 아래 네 가지를 자문해봐도 좋다.

1. 당신의 강점을 드러낼 때 활력을 느끼는가?

2. 이 강점이 당신을 잘 보여주는가? 일부러 강점을 외면하고자 하면서도 마음속으로는 '그래. 진정한 내 모습이야'라고 생각하곤 하는가?

3. 당신을 아는 사람들도 그 강점이 바로 당신의 두드러지는 특징이라고 얘기하는가?

4. 자신이 다른 분야나 상황에서 이런 특징을 경솔하게 활용하려는 모습을 자주 발견하는가?

이렇게 자문한 뒤 이런 성격적 강점이 우리 몸에까지 배어 있다는 사실을 확실히 알았다면 우선 이 강점들을 받아들이는 것을 배워야 한다! 그런데 왜 받아들여야 할까? 일부 사람은 자신의 강점을 받아들이길 원치 않기도 한다. 예컨대 성인 남자의 신앙과 영성(Spirituality) 같은 강점이 '너무 여성스럽게' 느껴지거나 진실(Authenticity)하고 성실(Honesty)한 여성이 이런 강점 때문에 친구, 고객 들에게 미움을 사곤 한다.

그래서 나는 우선 자신의 강점을 받아들이길 제안한다. 받아들이면 마음 가는 대로 할 수 있다. 그러면 더 이상 뚜렷한 성격적 강점 때문에 내적 갈등을 하지 않아도 될 것이다.

자신이 가진, 또 잘할 수 있는 성격적 강점을 충분히 활용한다면 더 즐겁고 긍정적이며 적극적인 인생이 될 것이다. 더불어 인생의 의미를 더 쉽게 찾을 수 있을 것이다. 모든 강점을 다 갖추려고 하지 말자. 심리학자들은 실생활에서 많은 시간이나 기회를 투자해 최고점을 부여한 다섯 가지 성격적 강점을 활용해야만 더욱 즐거운[17] 인생을 살 수 있다고 말한다.

연구[18]에서는 자신의 성격적 강점을 충분히 활용한 학생일수록 학습 태도가 좋고 학업 성적도 훌륭했으며, 업무에서도 이를 잘 활용한 사람이 압박이 있을지라도 탁월하게 문제를 해결할 수 있는 것으로 나타났다.

당신은 27장의 Action Practice를 완수했어야 한다. 지금 나는 나 자신을 예로 들어 나의 강점을 어떻게 받아들이고 활용할지 설명하려고 한다.

나의 최대 강점은 '창의성'이다. 테스트 결과를 보고 나는 다소 놀랐다. 생각지 못해서가 아니라 이 강점에 관한 소개를 읽으면서 내가 이미 이런 강점들을 일상에서 사용하고 있다는 사실을 깨달았기 때문이다. '창의성'의 특징은 '혁신적 방식으로 각종 문제를 해결할 수 있다'는 것이다. 몇 년 전부터 나는 '쓸모 있는 아이디어맨'이 되기 위해 노력하고 있었다. 나는 일찍부터 창의성을 활용해 다른 사람들의 문제를 해결해주는 일을 좋아했기 때문이다.

솔직히 말하면 나 스스로 특별한 창의력이 있다고 생각하진 않았다. 창작품이 많진 않았기 때문이다(완전히 내 마음속 의지로 창작한 경우). 하지만 지금은 창의성이 꼭 예술가들만의 전유물은 아님을 깨달았다. 내게 이런 강점이 있다는 사실을 알았을 때 아침부터 밤까지 "류쉬안, 얼마나 행복하니!"라며 떠들어댄 것도 더 이상 부끄럽지 않다. 내 일과 내 강점은 완전히 찰떡궁합이니까.

결론적으로 업무에도 자신의 성격적 강점을 십분 활용한다면 일하는 데도 힘이 날 뿐만 아니라 사명감도 더욱 올라갈 것이다.

어린 시절부터 지금까지 수많은 경전을 읽어왔다. 예수부터 초능력자, 스파이더맨에 이르기까지 이 수많은 슈퍼 영웅을 보며 자란 우리는 자신이 영웅이 된다면 반드시 초능력부터 받아들이겠노라 마음먹는다. 사실 슈퍼 영웅들은 처음에는 초능력에 반감을 보이고 두려워하기까지 하다가도 초능력을 받아들이는 순간 덩실덩실 춤을 추며 이 강점을 지혜롭게 쓸 방법을 고민했다.

마찬가지로 지금 이 순간 당신 역시 성격적 강점을 받아들이는 방법을 학습했다. 이 강점은 모두 당신 삶의 일부이며, 충만한 에너지를 품은 채 당신의 삶 속에서 그 화려한 빛을 낼 수 있길 기다릴 것이다.

강점의 근거

다시 한 번 당신의 5대 강점을 살펴보자. 공감이 가는가? 기억을 되살려 아래 문제들에 대해 답해보자. 셀리그만은 연구한 뒤 다음과 같이 제안했다.

당신의 '최대 강점'을 활용하여 '가장 하고 싶지 않은 일'에 대한 흥미를 유발할 수 있는가?

당신의 5대 강점을 적어보고, 29장에서 좀 더 깊이 이해해보자.

1. 성격적 강점으로 어떤 문제들을 해결한 경험이 있는가? 결과는 어땠는가?

2. 가장 즐거울 때 어떤 강점을 활용하는가?

3. 과거와 연결해서 Action Practice 7의 내용을 살펴보고, '가장 찬란했던 순간'을 함께 이야기해보자. 당신도 모르는 사이 성격적 강점을 이용하지는 않았는가?

29

성격적 강점으로 목표를 이루자

어느 날 긴 여행을 떠나야 한다. 가방 속에 넣을 수 있는 것은 한계가 있다. 당신은 무엇을 넣겠는가? 그 목적지가 '미래'라면 성격적 강점은 그대로일 것이다. 하지만 그저 몸에 지니고 있기만 해서는 안 된다. 잘 활용해야 한다. 그럼 자신의 잠재력과 의지가 상상 이상으로 크다는 사실을 알게 될 것이다.

직장에서나 생활 속에서 당신을 가장 괴롭히는 것은 무엇인지 떠올려보자. 혹시 당신의 강점을 활용해보면 그 일이 흥미로워지지는 않을까?

한 친구는 말했다.

"내 최대 강점이 용기였으면 했어. 그런데 테스트를 해보니까 '아름다움에 대한 탁월한 감상 능력'이라는 결과가 나왔지. 이런 게 대체 무슨 소용이 있겠어?"

이 친구는 겉으로 보기엔 꽤 우락부락하게 생겼다. 평소에는 늘 일

걱정뿐이었다. 특히 매일같이 새로운 고객을 개발하는 일을 무척 버거워했다. 그래서 친구는 늘 자신에게 좀 더 용기가 생겨 더욱 행동력 있길 바랐다. 그런데 최대 강점이 '아름다움에 대한 탁월한 감상 능력'이라니……

과연 무슨 소용이 있을까?

한참을 고민한 끝에 친구는 매일 고객을 방문하는 길에 잠시 멈춰서서 사진을 한 장 찍었다. 사실 친구는 하늘이나 구름 혹은 길모퉁이 가로등 아래 펼쳐진 아름다운 풍경들에 마음을 뺏겨 걸음을 멈추곤 했다. 하지만 이내 모른 척 지나쳤다. 시간이 지나 친구는 카메라를 한 대 장만했다. 그리고 한 장 한 장 사진을 찍다 보니 가장 싫어했던 그 길이 어느새 기대감을 주는 곳이 되어 있었다.

멋진 사진들은 점점 쌓였고 친구는 블로그에 사진을 업로드했다. 1년이 지나면서 팬도 늘었고 국제사진대회에 출품까지 하게 되었다. 사실 관심조차 기울이지 않았던 강점이 색다른 국면을 만들어냈고, 생활은 풍요로워지고, 더 큰 성취감을 가져다주면서 새로운 미래의 길을 보여준 것이다.

자신에게 두 가지만 물어보자. 이런 강점들을 언제 활용해보았는지, 또 다른 부분에 이 강점을 활용할 수 있는지 말이다. 가령 '호기심'이라는 강점이 있다면 일상에서 탐색할 기회를 늘려보자. 새로운 경험들을 만들어보는 것이다. 예컨대 매일 출근길에 새로운 길을 찾아본다든지, 이국적인 음식을 먹어본다든지, 아니면 무명 가수의 연주를 들어본다든지 하는 것이다.

성격적 강점이 행복한 인생을 위해서라지만 꼭 일에만 활용할 수 있는 것은 아니다. 마음속 레이더를 펼쳐 자신의 강점을 살피고 이를 활용해 자신은 물론 남도 도울 수 있다면 당신은 더 많은 가능성을 발견할 테고, 마음가짐 또한 달라질 것이다.

내 경우를 말해보자면, 나는 아이들과 수업을 하거나 책을 읽곤 한다. 휴가 때도 꽤 즐겁다. 하지만 업무가 쌓이면 아이들과 함께하는 시간이 부담스러울 때가 있다. 이럴 때면 내게 배움을 좋아하고 호기심이 있다는 강점을 떠올린다. 그리고 아이들과 시간을 보낼 때 두 가지 강점을 최대한 활용하려고 노력한다.

아이들과 실험을 하고 문제를 해결하는 놀이를 하던 어느 저녁, 아들 녀석이 내게 물었다.

"세계 최초의 전기용품은 뭐예요?"

나는 즉각 답했다.

"아주 좋은 문제이구나!"

우리는 인터넷을 검색했고 그 결과 세계 최초의 전기용품은 생각하고 있었던 '전구'가 아니라 '전보'임을 알게 되었다. 그 밖에도 에디슨이 전구를 발명한 게 아니라, 끈기를 발휘해 전구의 양산을 가능하게 만든 사람이라는 사실도 알게 되었다.

이러니 우리 부자의 연구가 즐겁지 않겠는가?

물론 다른 모습도 있다. 나의 딸은 내 '창의력' 강점을 십분 발휘할 수 있도록 해준다. 바로 이야기 이어가기 놀이다.

친구들은 묻는다.

"어떻게 하면 아이들보다 더 재밌게 놀 수 있을까?"

아주 간단하다! 아빠의 성격적 강점을 발휘하면 어찌 기쁘지 않겠는가! 자신의 강점을 활용해 아이와 시간을 보낸다면 아빠도 훨씬 즐겁고 기쁠 수 있다.

이런 성격적 강점들을 꾸준히 활용한다면 당신은 좀 더 강력하고 업그레이드된 자신을 만날 수 있다. 더불어 그 강점들을 통해 타인에게까지 도움을 주고 함께 업그레이드되도록 만들 수 있다.

강점 활용

　'성격적 강점'의 더 큰 매력은 자신은 물론 주변 사람들까지 도울 수 있다는 점이다.

　좋은 인간관계를 만들기 위한 핵심은 상대방의 '성격적 강점'을 이끌어내고 발휘하도록 할 수 있느냐 여부이다. 이 점이 가능하다면 서로에게 더욱 안정적이고 우호적인 관계가 되어 두 사람 모두 더 행복해질 수 있다!

미래 업무표 - 강점을 통해 생활의 PERMA를 높이자

매일 좋은 마음으로 자신과 주변에 긍정적인 정서를 안겨주려면 대표 강점을 어떻게 활용해야 할까?

눈앞의 일에 더 쉽게 몰입하려면 대표 강점을 어떻게 활용해야 할까?

더 깊고 우호적인 인간관계를 만들기 위해 대표 강점을 어떻게 활용해야 할까?

더 큰 의미와 방향감을 가진 생활을 만들기 위해선
대표 강점을 어떻게 활용해야 할까?

일상에서 더 큰 성취감을 얻기 위해 대표 강점을
어떻게 활용해야 할까?

당신은 미래 업무표를 보고 성격적 강점을 어떻게 활용하여 장기적인 목표를 이룰지 고민해볼 수 있다. 당신이 세운 미래 업무표가 매일 해낼 수 있고, 좋은 습관을 만들 기회가 될 것인지 주변과 상의해보자.

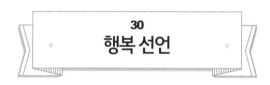

30
행복 선언

이윽고 우리는 마지막 장에 도달했다! 앞에서 배운 내용과 Action Practice 과정은 모두 큰 포부와 긍정의 힘으로 미래를 맞이하기 위한 준비였다. 이 책의 대미를 장식하는 이번 장을 통해 매일 큰 소리로 조금의 부끄러움도 없이 자신에게 '행복 선언'을 들려줄 수 있는 당신이 되길 바란다.

과거에 감사하고

With appreciation of my past

지금을 받아들이며

and awareness of the present

자신의 강점을 미래의 계획 속에서 십분 발휘하고

I apply my strengths toward future plans

성실함과 낙관적인 마음, 긍정의 힘을 잃지 않을 것이다.
with realism, optimism and positivity.

30장까지 오면서 아주 사소한 결정에도 당신의 '마음가짐'이 영향을 끼친다는 사실을 알게 되었을 것이다. 당신은 이제 낙관적인 사람이 되기 위한 방법과 자신의 이야기를 정리하는 방법, 또 이런 이야기를 통해 과거를 연결 짓는 방법도 터득했다. 내가 누군지, 또 과거의 내가 어땠는지 받아들일 수 있어야 한다. 형편없던 과거이든, 고생스러웠던 과거이든 있는 그대로의 과거로서 받아들여야 한다. 그리고 그런 경험들을 이야기 형식으로 타인과 공유함으로써 과거를 미래로 만들어야 한다.

공간을 정리하자. 생활 속 공간에서부터 정보의 공간, 나아가 마음속 공간까지 정리하여 일상의 우선순위를 정하고 자질구레한 일들의 근원을 어떻게 관리할지 터득하자. 절약하는 방법과 정신 에너지를 관리하는 방법을 터득하자. 에너지란 외부에서 오는 것이 아니라 자신에게 나온다는 점을 깨닫고 내재적인 힘을 발굴해 더욱 맑은 정신으로 결정을 내리고 마음의 흐름을 붙잡아야 한다.

과거를 돌아보고 미래를 내다보기 위해서는 상상력을 활용하는 방법을 정확히 알아야 한다. 자신의 단기적, 또 중장기적 꿈을 꾸게 만드는 힘을 일깨우고 WOOP의 방식으로 잠재의식 에너지와의 갈등을 잘 풀어가야 한다. 미래에 대한 무조건적인 낙관은 금물이다. 차곡차

곡 쌓는 준비 과정이 있어야 한다. 준비가 갖춰졌다면 그때는 낙관해도 좋다. 마지막으로 '지속 가능한 행복한 인생'이 갖춰야 할 PERMA를 터득하고 성격적 강점 테스트를 통해 자아 실천을 위한 최적의 길을 찾아야 한다.

내가 이 책을 통해 당신에게 전하고 싶은 것은 생활의 체계이다. 무슨 일을 하든지 더 이성적으로 더욱 정확하게 자신의 성격적 강점을 충분히 고려한 다음 계획을 세우고, 낙관적으로 긍정적으로 적극적으로 미래를 맞이했으면 하는 바람이다.

여기서 말한 '행복 선언'을 이 책의 결론이라 여겨도 좋고, '수료증'이라 생각해도 좋다. 물론 스마트폰으로 사진을 찍어두고 수시로 꺼내봐도 좋다. 사실 자신의 방식으로 자신만의 행복 선언을 마련하여 아침마다 큰 소리로 읽고 매일매일 긍정적인 방향으로 설정한다면 더할 나위 없을 것이다.

매일 15분씩 이 책을 읽기를 바란다. 시간이 허락하지 않는다면 한번 더 정독하길 바란다.

사실 나는 당신이 이 책을 다 읽고 난 후에도 이 습관을 계속 유지했으면 하는 바람이다. 매일 15분씩 읽고, 생각하고, 자신과 대화하는 것이다. 이 책을 통해 당신의 삶 속에 '자아 발전의 공간'이 더 많아졌다면 더없이 좋을 것 같다.

아름다운 미래는 거저 얻어지는 게 아니다. 아주 작은 성공들이 모여 만들어지는 것이다. 이 책의 완독이 종지부가 아닌 시작점이 되어야 한다. 오늘부터 당신의 강점을 지속적으로 활용하여 주변 사람들에게 미래 행복의 씨앗을 뿌려주자.

이 책의 마지막 장까지 함께하며 자아를 고민하고 정리하는 시간을 나눌 수 있어서 더없이 기쁘다. 당신이 날마다 진화하고, 그 일상이 행복으로 가득하길 기원한다.

이상적인 미래의 어느 날 만날 수 있기를 기대하며…….

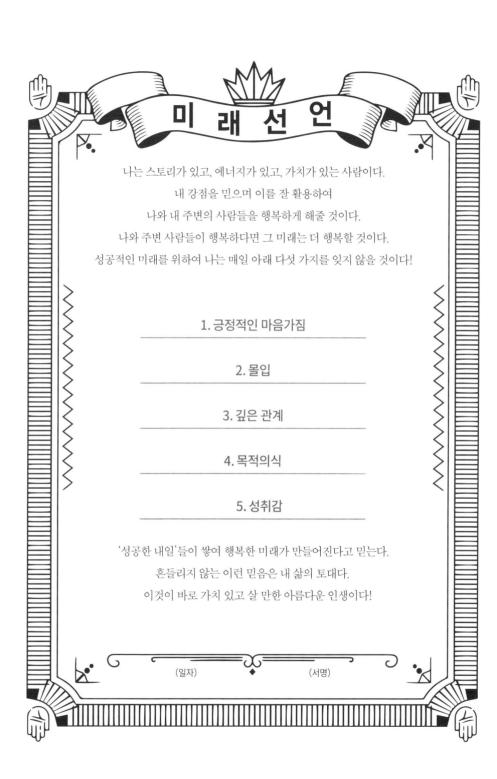

미 래 선 언

나는 스토리가 있고, 에너지가 있고, 가치가 있는 사람이다.
내 강점을 믿으며 이를 잘 활용하여
나와 내 주변의 사람들을 행복하게 해줄 것이다.
나와 주변 사람들이 행복하다면 그 미래는 더 행복할 것이다.
성공적인 미래를 위하여 나는 매일 아래 다섯 가지를 잊지 않을 것이다!

1. 긍정적인 마음가짐

2. 몰입

3. 깊은 관계

4. 목적의식

5. 성취감

'성공한 내일'들이 쌓여 행복한 미래가 만들어진다고 믿는다.
흔들리지 않는 이런 믿음은 내 삶의 토대다.
이것이 바로 가치 있고 살 만한 아름다운 인생이다!

(일자)   (서명)

VIA 성격적 강점 리스트

행동에서 나타나는 성격적 강점 분류(VIA)는 셀리그만과 피터슨이 전 세계의 학자 40여 명과 함께 연구한 긍정심리학 도구이다. 2004년 공식 발표 이후 전 세계 학술계의 인정을 받았으며 부단히 조정을 거치며 개선되고 있다. VIA의 취지는 측정 가능하고 훈련 가능하며 자아 및 인류 사회의 긍정적 발전에 유익한 성격 특징을 제공하는 데 있다.

이 분류법은 우선 6개의 '핵심 미덕(Core Virtues)'을 정의하고, 다시 24개의 '성격적 강점(Character Strengths)'으로 세분화했다.

셀리그만을 비롯한 학자들은, 모든 사람에게는 비중의 차이만 있을 뿐 24개의 강점이 모두 있으며, 테스트 결과 그중 한 강점이 낮게 측정되었다면 이는 약점을 의미하는 것이 아니라 아직 개발이 덜 이루어졌다고 생각한다. 더불어 이 강점은 선천적인 특성과 달리 학습을 통해 배양될 수 있다고 학자들은 보고 있다.

학자들은 '완벽한 사람'이 되는 것보다 자신이 가진 최대 강점, 이른 바 대표 강점으로 자신의 삶을 발전시키는 편이 좋다고 말한다. 일상에서 늘 자신의 최대 강점을 발휘한다면 에너지 넘치는 삶이 될 뿐 아니라 인생의 목적의식 **19**도 제고시킬 수 있기 때문이다.

인생의 단계마다 강점 역시 진화하게 마련이다. 따라서 정기적인 테스트를 통해 새로운 강점이나 에너지의 근원이 생겼는지 살펴볼 수 있다.

핵심 미덕 1: 지식과 지혜의 강점(Strengths of Wisdom and Knowledge)

지식의 획득과 활용의 인지 강점

- 창의성(Creativity): 참신하고 효과적인 방식으로 개념화된 사고를 한다.
- 호기심(Curiosity / Interest in the World): 자신의 흥미와 취향에 따라 능동적으로 목표를 설정하고 탐색할 수 있다.
- 평가와 비판적 사고(Judgment / Critical Thinking): 하나의 사물에 대해 각 관점에서 생각해보고 섣부른 결론을 내리는 것이 아니라 각종 근거와 단서의 균형을 이루는 것이다.
- 학구열(Love of Learning): 능동적으로 새로운 기능을 파악해 새로운 지식을 습득한다.
- 통찰력(Perspective): 사람들에게 현명한 제안을 하고 자신과 다른 사람들에 대해 유의미한 세계관을 갖고 있다.

VIA 성격적 강점 분류와 테스트지의 지식재산권은 Values in Action Institute에 있다.

핵심 미덕 2: 용기의 강점(Strengths of Courage)

의견이 맞지 않을 때도 순리적으로 일을 해내는 힘

- 용감성(Bravery): 위협이나 도전, 더 어렵고 고통스러운 상황에 직면해도 용기 있게 앞장서며 위축되지 않는다. 이의가 있을 경우, 설사 환영받지 못할지라도 정의와 진리를 위해 입장을 밝힌다.
- 끈기(Persistence): 이야기에 시작과 결말이 있다. 특히 어려움 앞에서 굽히지 않고 낙관적인 자세로 임무를 완수한다.
- 진실성(Authenticity / Honesty): 매우 성실한 방식으로 일의 본질을 총체적으로 보고 허세를 부리거나 과시하지 않는다.
- 열정(Vitality): 활력과 열정이 넘치는 마음가짐으로 삶을 대하고 중도에 포기하는 일이 없으며 모험 정신이 있다.

핵심 미덕 3: 인간애적 강점(Strengths of Humanity)

사람들과 우호적인 인간관계를 할 수 있는 강점

- 사랑(Love): 다른 사람과 친밀하고 우호적인 관계를 유지한다. 특히 나눌 줄 알고 동정심이 있다.
- 친절함(Kindness): 다른 사람을 돕고 배려하기를 좋아한다.
- 사교 능력(Social Intelligence): 다른 사람의 동기와 마음을 의식하고 각각의 장소에 걸맞게 행동한다.

핵심 미덕 4: 정의의 강점(Strengths of Justice)

건강한 집단생활을 촉진하는 시민의식

- 시민의식(Citizenship / Teamwork): 사회 구성원으로서 사람들과 협력하

고 집단에 충성하며 기꺼이 일을 분담하여 사회적 책임을 다한다.

- 공정성(Fairness): 모든 사람을 공평하게 대하고 개인의 감정에 따라 치우치지 않으며 모든 사람에게 동등한 기회를 준다.
- 리더십(Leadership): 집단 활동을 합리적으로 진행하고 구성원들과의 관계가 좋아서 동료들에게도 즐거움을 준다.

핵심 미덕 5: 절제의 강점(Strengths of Temperance)

낭비하지 않고 자아 통제를 효과적으로 하는 힘

- 용서와 자비(Forgiveness / Mercy): 다른 사람들의 잘못을 용서하고 두 번째 기회를 준다.
- 겸손(Humility / Modesty): 겸허한 자세로 자신을 낮출 줄 안다.
- 신중성(Prudence): 신중하고 조심스럽게 결정한다. 지나친 모험을 하지 않으며 이후 후회할 행동을 하지도, 말하지도 않는다.
- 자기 조절(Self-Regulation): 규정과 기율에 따라 행동하고 자신의 감정과 행위를 통제한다.

핵심 미덕 6: 초월의 강점(Trancedence)

더 큰 세계와 접촉할 수 있다. 개체, 타인, 자연, 세계와 의미 있게 연결하는 힘

- 심미안(Appreciation if Beauty and Excellence): 자연에서 예술, 과학까지 생활 속 각 분야에 대한 아름다움과 탁월성, 재능을 감상한다.
- 감사(Gratitude): 다른 사람의 도움을 감사하게 생각하고, 이 마음을 늘 겉으로 드러낸다.

- 희망(Hope): 미래에 희망을 갖고 이루기 위해 노력한다. 미래는 자신의 두 손에 달렸다고 믿는다.
- 유머(Humor): 늘 다른 사람에게 즐거움을 주고 사물의 긍정적인 면을 본다.
- 영성(Spirituality): 삶에 대한 의미와 더 높은 목표에 대해 견고한 신념을 갖고 이런 신앙을 실천한다.

참
고
자
료

1. 「The impostor phenomenon, International Journal of Behavioral Science」 Sakulku, J, 7 Alexander, J.(2011), 6(1):73 -92
2. 쑨천(孫晨)(2014년 7월 5일) 〈새로 건조한 배의 진수의식에서는 왜 샴페인을 깨뜨리나?〉「BBC 중문망」 http://www.bbc.com/zhongwen/trad/uk/2014/07/140705_uk_ship_smash
3. 최근 일부 연구자는 항우울증 약물의 약효는 기본적으로 '당의'의 효능이지, 약물 자체의 작용이 아니라고 말한다. 「Antidepressants and the placebo effect」, Kirch, I.(2014), Zeitschrift Fur Psychologie, 222(3) :128 -134
4. 「Signing at the beginning makes ethics salient and decreases dishonest self-reports in comparison to signing at the end」, Shu, L. L., Mazar, N., Gino, F., Ariely, D. & Bazerman, M.H.(2012). Proc. Natl Acad.Sci. USA 109, 15197-15200.
5. 「Genetic variants associated with subjective well-being, depressive symptoms and neuroticism identified through genome-wide analyses Net」, Okbay, A et al(2016). t. Genet 48: 624-633
6. Mental Health Program Uses Positive Psychology to Train Army Soldiers [Press Release], American Psychological Association, accessed January 18, 2011, https://www.apa.org/news/press/releases/2011/01/psychological-resilience
7. 「Mindset : The New Psychology of success」, Dweck.C(2007), Ballantine Books.
8. 「The top five regrets of the dying; A life Transformed by the Dearly Departing」, Bonnie Ware(2012), Hay House
9. 「Essentialism: the disciplined pursuit of less」, McKeown,G.(2014), New York: Crown Publishers.
10. 「The distracted mind: Ancient brains in a high-tech world」, Gazzaley, A. & Rosen,L.D. (2016), Cambridge, MA: MIT Press.
11. 「Physicians' implicit and explicit attitudes about race by MD race, ethnicity, and gender」, Sabin, J.A., Nosek, B.A., Greenwald,A.G. & Rivara, F.P(2009). Journal of Health Care for the Poor and Underserved, 20(3):896-913.
12. 「Self-control relies on glucose as a limited energy source : willpower is more than a metaphor」, Gailliot M.T, Baumeister R.F, DeWall C.N, Maner J.K, Plant,E.A, Tice D.M, Brewer L.E, Schmeichel B.J (2007). J Pers Psychol,92(2):325-36.
13. 「The benefits of being present: Mindfulness and its role in psychological well-being」, Brown, K.W. & Ryan, R.M.(2003). Journal of Personality and Social Psychology, 84:822-848.
14. 「Psychological, clinical and pathological effects of relaxation training and guided imagery during primary chemotherapy」, Walker L,G., WalkerM,B., Ogston,K, Heys S.D., Ah-See A.K, Miller I.D, Eremin,O.(1999), British Journal of Cancer, 80(1-2):262-268
15. 「Rethinking positive thinking: Inside the new science of motivation」, Oettingen, G.(2014), New York : Penguin Random House.
16. 「Abnormal is the new normal: Why will half of the U.S. population have a diagnosable mental disorder?」, Rosenberg, R.S(2013). Slate. Retrieved from http://www.slate.com/articles/health_and_science/medical_examiner/2013/04/diagnostic_and_statistical_manual_fifth_edition_why_will_half_the_u_s_population.html
17. 「Positive Psychology Progress: Empirical Validation of Interventions」 Seligman, M.E. steen, T.A. Park, N. & Peterson, C.(2005 Jul-Aug). Am PSychol. 60(5):410-21.
「Do positive psychology exercises work? A replication of Seligman et al」 Mongrain, M. & Anselmo-Matthews, T. (2005). J Clin Psychol. 68(4) :389-9
18. 「The relationships of character strengths with coping, work related stress, and job satisfaction」, Harzer, C. & Ruch,W(2015), Frontiers in Psychology,6:165.
19. 「Character strengths and virtues: A handbook and classification」, Peterson, C. & Seligman,M. E.P.(2004), Washington, DC, US: America Psychological Association; New York, NY, US: Oxford University Press.

결정적인 순간에
결정을 미루는
당신에게

초판 1쇄 인쇄 ┃ 2022년 8월 17일
초판 1쇄 발행 ┃ 2022년 8월 25일

지은이 ┃ 류쉬안 **그린이** ┃ 마르코 천 **옮긴이** ┃ 임보미
펴낸이 ┃ 전영화 **펴낸곳** ┃ 다연
주소 ┃ 경기도 고양시 덕양구 의장로 114, 더하이브 A타워 1011호
전화 ┃ 070-8700-8767 **팩스** ┃ (031) 814-8769 **이메일** ┃ dayeonbook@naver.com
본문 ┃ 미토스 **표지** ┃ 강희연

ⓒ 다연

ISBN 979-11-90456-44-9 (03320)